이 제 까 지
커피만을 고집했던
당 신 에 게

차를 권하다

茶

이제까지 커피만을 고집했던

당신에게
차를 권하다

·· 이상균 지음 ··

오픈하우스

차례

일본 여행 중에 만난 '차'

흔들리는 차창 사이로 눈이 소복하게 쌓인 후지산이 보였다. 일본 열도 중앙에 위치한 후지산은 세계적인 명산답게 아름다웠다. 휴가를 맞아 무작정 떠났던 일본 여행. 어느 마을 어느 시골의 거리 하나 정돈되지 않은 것이란 없는, 질서의 나라 일본은 나은에게 선명한 인상으로 다가왔다. 초봄의 햇살이 차 유리 위로 노곤하게 내리쬐었다.

달리는 버스에서 나은은 후지산 주변의 정취들을 설렘으로 바라보고 있었다. 잠시 후 봄의 싱그러운 생동감이 물씬 풍기는 시원한 녹색 풍경이 펼쳐졌다. 반짝거리는 연두 잎이 달린 키 작은 초록색 나무들이 봄 햇살에 살랑거리며 끝없이 펼쳐져 있었다. 그 순간 나은은 '이게 뭘까?' 하는 생각이 들었다. 바로 그때 기다리기나 한 듯 가이드의 목소리가 스피커를 통해 흘러 나왔다.

가이드 여러분께서 보고 계신 이곳은 시즈오카静岡입니다. 시즈오카는 길

일본 최대 녹차 산지인 시즈오카는 차밭의 풍광이 아름다운 것으로 유명하다.

오차노사토박물관은 일본의 차 문화와 역사를 한눈에 보고 체험할 수 있는 차 전문 박물관이다.

게 펼쳐진 일본열도의 중앙에 위치한 곳으로 사시사철이 아름다운 일본의 대표적인 휴양지입니다. 지금 여러분 눈앞에 펼쳐진 녹색 평원이 보이시죠? 이게 뭔지 아시는 분?

관광객 과수원인 것 같은데요?

가이드 하하, 과수원은 아니고요, 이곳은 바로 녹차밭입니다. 일본은 세계에서 차를 가장 많이 마시는 나라 중 하나죠. 시즈오카는 일본 전체 녹차 소비량의 45퍼센트를 생산하는 유명한 녹차 산지입니다.

관광객 아하, 그럼 '야부키타藪北'도 이곳에서 생산되나요?

가이드 네에, 맞습니다. 차에 대해 아주 박식한 분이시네요. 시즈오카는 한국에 잘 알려진 녹차 품종인 야부키타의 산지이기도 합니다.

나은은 봄 햇살을 받아 더욱 광채를 띠며 빛나는 녹차밭을 바라보았다. 녹차 나무가 이렇게 대규모로 재배되는 모습이 신기하기만 했다.

차는 막부시대 일본 사무라이들을 위한 정치·문화적 장치로 활용됐다.

가이드 시즈오카는 도쿠가와 이에야스德川家康와 차에 얽힌 이야깃거리들
이 많은 곳인데요. 에도막부시대의 난세영웅 도쿠가와 이에야스도 이곳
에서 말년을 보냈습니다. 대단한 차 애호가였던 이에야스는 시즈오카 중
심부에 있는 순풍성에 살면서 여러 무사들을 초청해 차회茶會를 열기도
했습니다.

관광객 차회가 뭐죠?

가이드 차회란 요즘 말로 차를 함께 마시는 동호회라고 보시면 됩니다.

관광객 도쿠가와 이에야스의 성품이 차와 잘 어울리는 것 같네요.

가이드 맞습니다. 인고忍苦의 무사 도쿠가와 이에야스는 차를 참 좋아했습
니다. 그는 차를 보관하기 위해 시즈오카 홍야마本山지역에 대규모의 차
창고를 지었습니다. 이에야스는 매년 봄이 되면 차 항아리에 햇차를 보

관했다가 가을이 되면 그 차 항아리를 개봉해 차회를 즐겼다고 합니다.

관광객 와! 이에야스는 정말 풍류를 즐길 줄 아는 사무라이였네요.

가이드 이렇듯 일본 사람들은 시즈오카를 차의 천국이라고 생각합니다. 저기 보이는 차나무를 키우는 다원茶園을 비롯해 차를 제다製茶하는 공장들, 그 차를 파는 찻집, 그리고 역사를 홍보하는 차 박물관 등 차에 관한 모든 것들이 있습니다. 그중에서 '그린피아 마키노하라'와 '오차노사토 박물관'이 유명합니다.

평소 차에 대해 문외한이었던 나은은 가이드의 말이 흥미로웠다. 달리는 차창 밖으로 보이는 시즈오카의 다원은 광활하게 펼쳐지고 있었다. 나은은 곧 나른한 봄의 잠 속으로 빠져 들었다. 그리고 얼마쯤 시간이 흘렀을까, 다시 가이드의 목소리가 들려왔다.

가이드 여러분, 이곳은 일본 차뿐 아니라 세계 각국의 차를 한눈에 볼 수 있는 오차노사토박물관입니다. 이곳에서 다양한 차의 세계를 경험해 보시기 바랍니다.

개찰구를 통과한 나은은 눈이 휘둥그레졌다. 일본 특유의 정원에 고풍스런 건물 한 채가 서 있는 게 아닌가. 그 건물이 바로 '차를 마시는 집'이라는 '차실茶室'이었다. 일본 정원과 잘 어울리는 집이었다. 쇼모쿠로 차실이라 불리는 이곳은 15~16세기에 활동했던 고보리 엔슈[1]가 설계한 차실을 복원한 곳이었다.

가이드 여러분, 일본의 차 문화는 일본을 문화강국으로 만들었습니다. 중국과 미국의 핑퐁외교가 이루어졌던 당시, 일본은 미국 대통령이 왔을 때도 전통 차실에서 차를 체험할 수 있도록 했지요. 이처럼 차 마시기는 예전부터 일본 문화의 아이콘이 되어 왔습니다.

1 고보리 엔슈(1594~1647) 일본 에도시대의 최고의 건축가이자 조경 전문가. 대표적인 작품으로는 고산수 정원, 쇼모쿠로 차실 등이 있다. 쇼모쿠로 차실은 1629년 왕위에서 물러난 고미즈오인 천황의 거처인 센토코쇼 황궁의 동쪽 정원을 복원한 것이다. 도쿠가와 이에야스 막부정권은 물러난 천황을 위해 고보리 엔슈를 사쿠지부교(조경 토목수리 공사를 총괄하는 관직)로 임명, 쇼모쿠로 다실과 정원을 조성했다.

쇼모쿠로 차실의 아름다운 저녁 풍광
일본의 모든 차실들은 정원을 기본으로 갖추고 있다. 일본에서는 아침 점심 저녁으로 다양한 차회를 개최한다. 일본의 대표적인 차실로 알려진 쇼모쿠로 차실은 15~16세기에 차인으로 활동했던 고보리 엔슈가 설계한 차실을 복원한 것으로 일본 차실의 전형을 보여준다.

일본 차실의 외부 전경
일본은 대부분 차회를 위한 공간을 따로 마련한다. 오로지 차를 마시고 즐기는 차회만을 위한 차실을 만들어 사용한다.

와비의 정신을 기본으로해서 만든
일본 차실 내부 전경
단순함, 간결함, 담백함 등 와비정신을 담고 있는 일본의 차실들은 내부의 모든 구조들을 간결하게 설계했다. 그래서 차실에서 차회를 하는 사람들의 마음을 편안하게 하는 효과를 극대화한다.

관광객 일본의 차 문화 역사는 얼마나 오래 됐나요?

가이드 사실 일본의 차 문화 역사는 그리 길지 않습니다. 그렇지만 일본인
특유의 문화적 감각으로 차를 정치와 산업으로 결합시켜 차 문화 강국으
로 거듭난 것입니다.

관광객 일본 차 문화에 공헌했던 역사적 인물이 있었겠네요?

가이드 네, 차를 정치와 산업으로 결합시켜낸 사람이 바로 임진왜란을 일
으킨 도요토미 히데요시(豊臣秀吉, 1536~1598)입니다. 도요토미 히데요시
는 자신의 정치적 입지를 강화하기 위해 황금으로 차실을 만들어 천황에
게 차를 올렸습니다.

관광객 히데요시는 평민 출신 쇼군將軍으로 남달리 출세욕과 과시욕이 강
했기 때문인가요?

가이드 그렇습니다. 도요토미 히데요시는 1586년 1월, 황금으로 만들어진
이동식 차실을 천황이 기거하고 있는 교토京都의 고쿄쇼(경도 궁궐에 있는
건물의 하나로 무로마치시대에는 쇼군들이 입궐 전 대기하거나 휴식을 취하는

일본에도 녹차를 비롯한 다양한 차가 있다. 그중에서도 말차는 일본 차의 최고미학으로 손꼽힌다.
차사발에 뜨거운 물을 붓고 다선을 돌려 말차를 만들고 있다.

곳이었으며 에도시대에는 천황이 막부들을 만나던 곳) 궁궐에서 조립해 당시 천황이었던 오오기마치에게 보여주고 차를 헌사하고자 했습니다.

관광객 히데요시의 차실은 어느 정도로 화려했나요?

가이드 다실의 기둥도 아랫미닫이틀도 윗미닫이틀도 모두 두터운 금박을 입혔고, 벽도 천장도 황금일색이었습니다. 심지어 창호지를 붙인 틀이나 널까지 황금이었습니다. 황금 차실에 비치된 차 도구들도 모두 황금으로 만들어졌습니다. 황금 탁자, 과자를 담는 네모난 그릇, 차 가루를 담는 그릇, 물 끓이는 풍로, 솥, 국자, 물을 버리는 그릇, 찻잔에 물을 보충하는 작은 그릇, 차 가루를 뜨기 위한 숟가락, 심지어 숯을 담는 그릇까지 전부 황금으로 만들어져 있었습니다.

관광객 도요토미 히데요시의 황금 차실은 화려했던 일본 차 문화의 정점을 보여주는 사례로군요.

가이드 맞습니다. 그럼 이제부터 일본의 차를 직접 체험해 보는 시간을 갖겠습니다.

바닥에 다다미가 깔려 있는 쇼모쿠로 차실은 한국 전통사찰처럼 단아한 느낌을 주었다. 그곳에선 기모노를 입고 꿇어앉은 사람들이 방문객들에게 차를 내주고 있었다. 차를 내주는 사람들이나 받는 사람들 모두 무릎을 꿇고 있어 불편해 보였지만 사발에 담긴 차를 마시고 인사를 나누는 모습이 즐거워 보였다.

일본 차 문화를 체험하고 싶었던 나은도 차를 받아 마셨다. 검은 사발에 차를 넣어 물을 붓고, 그것을 원통형 대나무솔로 휘저어 공손하게 건네는 과정까지 모든 행위가 능숙하게 이루어졌다. 그리고 모든 동작에는 격식이 있었다. 그러나 나은은 그러한 격식에 맞춘 행위가 너무도 낯설었다. 순간 나은은 '차 한잔 마시는 데 꼭 이래야 하나'라는 생각이 들었다.

나은은 여인이 공손하게 건네준 차를 받아 들었다. 손바닥으로 따스한 온기가 느껴졌다. 두 손으로 사발을 감싸며 거품이 살짝 껴 있는 연두색 차를 마셨다. 아리송한 향기와 쌉싸래한 맛이 약간 이상했다. '맛이 뭐 이래? 이걸 왜 마시지?' 나은은 실망감을 뒤로 하고 오차노사토박물관을 구경했다. 오차노사토박물관[2]은 세계 30개국에서 수집한 90여 종류의 찻잎과 일본 차의 역사를 한눈에 볼 수 있게 꾸며져 있었다. 그러나 차 맛에 실망한 나은에겐 도통 눈에 들어오는 것이 없었다.

나은의 기분이 달라진 것은 버스를 탄 이후부터였다. 갑자기 목구멍에서 미묘한 향기가 솟아나는 것이었다. 비취색 바다를 닮은 달콤 쌉싸래한 향기가 입안을 감돌았다. 나은은 그 정체가 무엇일까 생각했다. 그것은 바로 오차노사토박물관의 쇼모쿠로 차실에서 마신 '말차末茶'였다. 그제야 나은은 알 것 같았다. 많은 사람들이 일본의 말차에 열광하는 이유가 그러한 오묘한 맛과 향에 있다는 것을 말이다. 그러자 눈앞에 시원스레 펼쳐진 시즈오카 차밭이 다시금 정겹게 느껴졌다. 그리고 서울에 돌아가서 차를 공부해 봐야겠다는 생각을 가졌다. 쇼핑을 하면서 말차를 산 것은 물론이다.

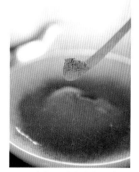

푸른 바다를 연상시키는 잘 갈려진 말차

❤ 말차

일본 차인茶人들이 가장 선호하는 차로 알려진 말차는 역사적으로 통상 세 가지로 분류된다. 첫 번째는 떡차를 맷돌에 갈아서 만든 말차이다. 당나라 시대에는 가루 입자가 매우 굵었고, 불에 구워 덩어리로 만든 차를 필요한 만큼 솥에 넣고 끓여 마셨다. 송나라 시대에는 찻잎을 절구에 찧은 다음 틀에 찍어 말렸다. 이것은 맷돌로 갈아 고운 체로 쳐서 소로 저어 마시는 점차법點茶法으로 발전했다. 두 번째는 현재 일본에서 주로 마시는 차로서 잎차를 갈아 분말로 만든 차이다. 현재 통상적으로 마시는 말차는 대부분 여기에 속한다. 세 번째는 이미 끓여놓은 차를 뜻하는데 최근에는 거의 사용하지 않는다.

▼ 말차에 필요한 다구들

찻그릇(다완)   차선   차시

차통   차솥과 차솥에 물을   물항아리
           퍼 옮기는 표주박

- **찻그릇(다완)** 말차를 만들고 담는 그릇으로 흔히 차사발 또는 다완이라고 부른다.
- **차선** 대나무를 가늘게 쪼개어 만든 것으로, 쪼개진 선의 수가 많을수록 생기는 거품도 많다. 보통 80~120선을 선호한다.
- **차시** 말차를 차통에서 꺼낼 때 사용하는 숟가락으로써 대나무, 상아, 은 등 다양한 재료로 만들어진다.
- **차통** 말차를 담는 그릇으로 도자기 재질의 용기는 '차이레', 검은색 칠기로 만든 것은 '나츠메'로 불린다. 차이레에는 진한 말차를 담고, 나츠메에는 연한 말차를 담아 사용한다.
- **차솥** 찻물을 끓이는 솥을 차솥이라고 한다. 다실 한쪽 바닥을 파서 붙박이 형태로 만든 차솥을 '로'라고 부르며, 이동하면서 사용하는 차솥은 '풍로'라고 한다.
- **물항아리** 차솥에 끓일 물을 담아두는 그릇.

말차를 맛있게 우려먹는 법

1 찻그릇에 따뜻한 물을 붓고 차선을 적신 후 꺼낸다.
2 찻그릇을 돌려가며 안에 담긴 물로 충분히 예열한 후 그 물을
   퇴수기에 붓는다.
3 찻그릇 내부를 준비된 찻수건으로 닦아낸다.
4 찻숟가락으로 찻그릇에 차를 2회 담는다.
5 표주박(히사쿠)을 이용해 90℃ 이상의 탕수를 찻그릇에 붓는다.
6 차선을 들고 위아래로 움직여 잘 섞고 거품이 일게 한다.
7 충분히 섞어 거품이 알맞게 일면 찻그릇을 들고 마신다.

일본식 말차예법

일본에서 차 예절은 가장 중요한 것 중 하
나다. 차를 대접하는 사람이나 차를 대접
받는 사람 모든 그 차실에 맞는 규칙과 예
절을 사전에 인지하고 가야한다. 차를 대
접하기 위해 먼저 인사를 하고 있다.

1 다실에 입실한 손님들은 지정된 자리에 조용히 앉는다.
2 차실에 들어간 손님들은 도코노마 쪽에 다가가 족자와 꽃, 화로와
   솥을 감상한 뒤 자기 자리에 앉는다(일본 다실은 다른 곳과 다르게
   마루를 위쪽 바닥에 깔아 한층 높게 되어 있다. 일본에서는 이곳을 '도코
   노마'라고 부른다. 도코노마에는 계절에 알맞은 꽃이 꽂힌 화병을 놓고 벽
   에 차와 관련된 문구가 쓰인 족자를 건다).
3 주인(팽주)이 다구를 들고 화로 앞에 앉은 뒤 말차를 준비한다.
4 손님 앞에 간단한 다식이 놓이면 손님은 다식을 먼저 먹는다.
5 팽주는 완성한 말차를 내고, 손님은 무릎 앞에 찻사발을 둔 상태
   에서 인사를 건넨다.
6 손님은 찻사발을 왼손에 올리고 오른손으로 찻사발의 몸통을 감
   싼 다음 오른쪽으로 살짝 돌려 조용히 마신다. 마지막 한입은 소
   리를 내면서 모두 들이킨다. 차를 다 마신 후에는 입에 댄 찻사발
   부분을 휴지로 닦고 상대편을 향해 2번 정도 돌려 내려놓는다.
7 손님이 차를 다 마신 다음에는 팽주도 차를 마신다.

1

나은, 한국차를 맛보다

나은, Tea Master의 길로 접어들다

한국으로 돌아온 나은은 친구들에게 집에 한번 놀러오라고 문자를 보냈다. 이번 기회에 일본 말차를 친구들에게 소개하고 자랑도 하고 싶었다. 그리고 나은은 말차를 우려내는 데 필요한 도구들을 사 모으기 시작했다. 그러나 비용이 만만치 않았다. 이른바 '폼' 나는 차사발은 상상을 뛰어넘는 고가였고, 다른 도구들의 비용도 만만치 않았다. 나은은 내가 너무 성급했나 하는 후회도 들었지만 내친김에 그냥 일을 저질렀다. 운이 좋았던 덕인지 인터넷에서 저가의 차사발을 구매할 수 있었다. 그 뒤 나은은 인터넷에서 알려준 대로 말차 우려내는 연습을 열심히 했다. 하지만 이상하게도 일본에서 경험한 차맛을 그대로 느낄 수는 없었다.

마침내 친구들을 초대한 그날이 왔다. 친구들을 둘러앉힌 나은은 자신이 연습한 대로 차선을 돌려 차를 한 잔씩 대접했다. 인터넷에서 벼락

치기로 공부한 오차노사토박물관과 일본 차 문화에 대한 설명도 곁들였다.

나은   얘들아, 일본의 다실엔 화花, 경敬, 청清, 적寂이라고 하는 네 가지 규율이 있대. 일본의 다실을 초암草庵이라고 하는데 아주 작아. 그게 우리나라의 옛 초가를 모방했다는 이야기도 있는데 아직 규명된 건 아니야. 일본의 다실 입구는 우리의 초가처럼 높이랑 폭이 60~70센티미터 정도인데, 손님은 무릎을 꿇고 머리를 웅크린 채로 그 작은 문을 통과해야 돼.

선영   왜 그렇게 입구를 작게 만들었을까?

나은   머리를 숙이는 순간 바닥을 보며 겸허한 마음을 가지라는 뜻에서 입구를 그렇게 좁게 만들었다는데 차실 내부도 역시 아주 작고 소박해. 보통 다다미 네 장 반 크기야. 《유마경》에 나오는 유마거사는 문수보살과 4만 8천 명의 제자들을 초암에서 맞이했다고 하는데, 그 작은 공간에서 그렇게 많은 사람들이 모였다는 것은 일본인 특유의 스토리텔링이 만들어낸 재미난 이야기라고 할 수 있지.

선영   야! 우리 나은이가 일본에 다녀오더니 차 전문가가 다 되었구나!

그런데 이게 웬일인가. 학창시절부터 라이벌이었던 영숙이 말차를 마시지 않고 웃고 있는 게 아닌가? 나은은 속으로 '그래, 영숙이가 차를 모르니까 저러고 있겠지' 하는 생각을 했다. 하지만 그러한 나은의 생각을 비웃기라도 하듯 영숙이 차사발을 익숙하게 감싸 쥐더니 한 모금을 마시는 게 아닌가. 순간 나은의 가슴이 철렁했다. '영숙이 저게 차 좀 마실 줄 아네? 일본 사람들이 하던 것처럼 익숙하게 차를 마시잖아?' 이런 생각이 끝나자마자 영숙이 입을 열었다.

영숙   애, 나은아. 너는 우리 녹차가 일본 말차보다 더 맛있는 거 모르지? 우리 녹차도 말이야, 역사와 전통이 있는 세계적인 차야. 너도 그 정도는 알고 일본 말차를 마시는 거겠지?

나은   (당황하며)내가 우리 녹차를 왜 모르겠니? 이번에는 일본에 다녀온 기념으로 말차를 너희에게 선보인 거야.

영숙은 그런 나은을 웃으면서 쳐다보았다. 마치 '나는 네가 우리 녹차에 대해 모르는 걸 다 안다'는 느낌을 주면서 말이다.

영숙에게 일격을 당한 나은은 한국 녹차에 대해 공부해야겠다는 생각을 했다. 친구들이 돌아가자마자 나은은 포털 사이트에서 '한국 녹차'를 검색했다. 하지만 나은이 기대했던 한국 녹차에 대한 정보는 거의 없었다. 유자차, 모과차, 인삼차, 율무차 등에 대한 정보만 나왔다.

그래서 나은은 이번엔 '한국차'를 검색했다. 웹사이트 검색을 통해 한국차에 대해 교육하는 단체들이 많다는 것을 알게 되었다. 명원문화재단, 한국차인연합회, 국제차문화교류협력재단, 한국차문화협회, 예명원, 세계기독교차문화협회, 한국다도협회, 예지원 등의 차 관련 단체는 물론 원광디지털대학교, 동국대학교 등 대학에서도 차 교육을 하고 있었다.

휴가 중 일본 여행에서 일본의 차 문화에 대해 처음 알게 되었던 나은. 그녀의 차에 대한 관심은 점점 커져만 갔다. 이제 나은은 한국차를 교육하는 단체에서 좀 더 체계적으로 차에 대한 지식을 늘리고 싶었다. 나은은 점점 차의 매력으로 빠져들고 있는 자신이 신기하기만 했다. 나은은 드디어 차를 교육받기 위해 수강 신청을 했다.

❖ 차회 일반반 수강시간표

- **교육기간** 4개월(12주, 24시간)
- **교육시간** 토요일 오전 10시~12시(월 3회)
- **교육장소** 협회 교육장(서울 마포)
- **교육비** 10만원(재료비 별도)
- **교육내용** 한국차의 역사, 차 고전, 행다실습, 배례 등
- **담당강사** 이상균《차와 문화》잡지 편집장

❖ 차회 초급반 수강시간표

- **교육기간** 1년(32주, 160시간)
- **교육시간** 매주 화요일 오전 10시~오후 3시
- **교육장소** 협회 교육장
- **교육비** 60만원
- **교육내용** 한국차의 역사, 중국차의 역사, 일본차의 역사, 행다실습, 예절, 차의 고전, 한국도자사

❖ 차회 중급반 수강시간표

- **교육기간** 1년(32주, 160시간)
- **교육시간** 매주 목요일 오전 10시~오후 4시
- **교육장소** 협회교육장
- **교육비** 80만원
- **교육내용** 찻자리 꽃, 다식만들기, 생활, 선비, 규방다례행 다실습, 찻자리 꾸미기, 세계도자사, 세계차의 고전, 동다송, 다신전

❖ 대학교 차 교육 수강시간표

- **교육기간** 4년
- **교육내용**
  - 1학년 1학기: 차의 이해 재배학, 차도구학
  - 1학년 2학기: 한국차문화사, 차의 과학, 차문화체험, 차와 산업
  - 2학년 1학기: 제다학, 중국차문화사, 일본차문화사
  - 2학년 2학기: 차문화고전1, 차의 철학, 중국차문화실습, 일본차문화체험
  - 3학년 1학기: 차품평학, 차문화고전2, 서양차문화사, 차

문화유적연구
  - 3학년 2학기: 차치료학, 차와 음식, 고전 속의 차이야기
  - 4학년 1학기: 전통의례실습, 차문화공간연구, 차마케팅
  - 4학년 2학기: 차와 그림, 차문화 기획, 푸드 스타일링

❖ 대학원 차 교육 수강내용

- **교육기간** 2년
- **교육내용** 국제차문화연구, 다도철학, 차의 과학적 연구, 차문화유적연구, 차고전문헌연구, 차문화사연구, 세계차문화 비교연구, 다례연구론, 차도구 연구, 기호음료학, 차재배연구, 제다방법론연구, 차의 성분과 효능, 차건강론, 차와 예술연구

❖ 한국차 교육을 받을 수 있는 곳

- **명원문화재단** 서울시 성북구 성북동 330-507 | 02-742-7190 | www.myungwon.org
- **한국차인연합회** 서울시 종로구 경운동 89-4번지 SK HUB 102동 403호 | 02-734-5866 | www.teaunion.or.kr
- **한국차문화협회** 서울시 마포구 도화 2동 536 정우빌딩 207호 | 02-719-7816 | www.koreatea.or.kr
- **한국다도협회** 부산시 부산진구 진남로 1050 | 051-867-5705 | www.ktra.co.kr
- **예명원** 서울시 종로구 운니동 65-1 오피스텔 월드 910호 | 02-765-3767 | www.yemyung.org
- **예지원** 서울시 중구 장충동2가 201-6 | 02-2234-3325 | www.yejiwon.or.kr
- **예다원중앙회** 울산시 울산중구 다운동 820-2 | 052-247-4736

❖ 차학과 개설 대학교 및 대학원

동국대학교 불교문화콘텐츠학과, 성신여자대학교 문화산업대학원, 원광디지털대학교차문화경영학과, 서원대학교 차학과, 부산여자대학교 차문화복지과, 목포대학교 대학원 국제차문화학과, 원광대학교 예문화와 다도학과, 성균관대 생활과학대학원, 한서대학교 건강증진대학원 건강관리학과

한국차의 역사는 1,500년이 넘는다. 경남 하동에는 수령이 1,000년이 넘는 차나무가 있다.
한국차문화유적지 중 하나인 보리암에도 수백 년된 차나무가 있다.

재미난 한국차의 역사

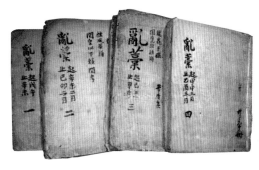

드디어 나은이 등록했던 차 교육 프로그램이 시작되는 토요일이었다. 나은은 설레는 마음으로 차 교육장으로 들어섰다. 그곳은 책상과 의자 그리고 칠판만이 놓여진 썰렁한 교육장이 아니었다. 벽 사방에는 귀한 차사발과 다관茶罐들이 즐비하게 놓여 있었고, 꽃과 차향기가 가득했다. 담백하고 깔끔한 느낌을 주는 일본의 차실과는 다르게 안락하면서도 기품이 있었다.

한복을 곱게 차려 입은 선생님들은 교육생들에게 두 손을 모아 공손하게 인사를 건넸다. 교육을 시작하기 전, 그 곳에서 제공하는 하얀 찻잔에 연푸른 물이 담긴 차와 한입에 쏙 들어갈 만한 떡을 받아든 나은은 생각했다. '바로 이것이 한국 녹차구나.' 나은은 찻잔을 들고 한 모금을 마셨다. 부드럽고 향긋한 향기가 입안을 감돌다가 몸속으로 스며드는 것 같았다. 일본의 말차와는 다른 느낌이 들었다. 차를 우리던 선생님이 나은에게 말했다.

<u>선생님</u> 지금 드시는 떡은 차와 함께 먹는 다식茶食이라고 합니다.

드디어 고대했던 한국차에 대한 교육이 시작되었다. 성미 급한 나은이 손을 들었다.

<u>나은</u> 선생님, 한국차는 다른 나라 차와 많이 다르다는데 사실인가요?
<u>선생님</u> 아닙니다. 차는 다 같은 차입니다. 차나무의 학명은 'Camellia sinensis L.'이라 하고 차나무 과로 분류되죠. 차나무 과에 속한 한국차와 다른 나라 차가 다를 순 없는 겁니다.

우리나라 최초의 다서(茶書) 부풍향차보(扶風鄕茶譜)

최근 우리나라 다서에 대한 역사가 바뀌고 있다. 그동안 우리 차에 대한 최초의 저술로 초의 스님의 《동다송》(1837년)을 꼽았다. 그러나 한양대 정민 교수가 2006년에 발굴·공개한 이덕리의 《동다기》(東茶記, 1785년)는 《동다송》보다 50년 앞선 1785년에 지어졌다. 《부풍향차보》(扶風鄕茶譜)는 《동다기》보다 30년 앞선 1755년에 지어졌다. 우리나라 최초의 다서인 《부풍향차보》는 부안 현감으로 있던 이운해가 고창 선운사 인근의 차를 따서 약효에 따라 7종의 향약(香藥)을 가미해 만든 약용차의 제법에 관한 것이다. 두 쪽 분량밖에 안 되는 《부풍향차보》는 황윤석의 일기인 《이재난고》에 그림과 함께 인용되어 있다. 《이재난고》에 수록된 《부풍향차보》는 서문과 '차본', '차명', '제법', '차구' 등 네 항목으로 구성되어 있다.

나은   하지만 제가 일본 여행 중에 마셨던 말차와 지금 맛 본 한국차는 확연히 다른데요.

선생님 그것은 차를 만들고 먹는 과정과 풍토나 기후, 그리고 국민들의 식음료 습관이 나라마다 다르기 때문에 다양한 형태의 차가 존재하는 겁니다. 그래서 차맛도 달라지는 것이지요.

나은   그러면 한국차만의 우수성은 없다는 말씀이신가요?

선생님 아닙니다. 한국차가 다른 나라의 차와 다른 점이 있다면 차의 기본 조건인 색色·향香·미味가 우수하다는 겁니다. 색·향·미가 우수하다는 건 차를 만드는 원새료인 찻잎의 생육이나 상태가 아주 좋다는 말과 같습니다.

나은   아하, 한국은 좋은 차를 얻을 수 있는 좋은 조건을 갖췄다고 봐야겠군요.

선생님 맞습니다. 그래서 초의스님께서는 《동다송》에서 '동국에서 나는 차와 중국에서 나는 차는 색·향·미에 있어서 거의 비슷하다. 중국의 육안차는 맛이요, 몽산차는 약성이 높다. 다산 정약용은 우리 차는 위의 두 맛을 겸했다고 판단을 했다'고 말씀하셨습니다. 우리 차는 맛과 향이 뛰어날 뿐 아니라 약성까지 겸비하고 있는 우수한 차라는 것입니다.

　나은은 우리나라에서 생산되는 과일이나 각종 채소들이 해외에서 좋은 반응을 얻고 있는 이유가 한반도의 우수한 토양과 기후조건 때문이라는 이야기를 들은 기억이 났다. 그렇다면 차도 마찬가지 아니겠는가. 우리나라에서 생산되는 차 역시 효능과 가치가 우수할 수밖에 없다는 생각이 들었다.

　얼마 전 일본 여행에서 일본차를 맛보며 느꼈던 감상들 그리고 지금 한국차의 우수성에 대해 설명하시는 선생님의 열띤 강의를 들으며, 나은의 한국차에 대한 관심과 호기심은 점점 커졌다. 나은은 이제 한국차의 역사적 배경이 궁금해졌다.

나은　선생님, 우리 차도 역사가 있나요? 선생님 말씀을 들으니 우리 차 역사도 꽤 깊은 것 같은데, 저는 우리 차의 역사가 근세부터 시작된 것이라고 생각했거든요.

선생님　나은 씨. 하지원과 이서진이 나왔던 『다모』라는 드라마를 본 적이 있나요?

나은　물론이죠. 저도 한때 '다모폐인' 이었어요.

선생님　하하, 인기 드라마 제목이기도 한 '다모茶母¹'란 바로 조선시대 국가기관이었던 관사에서 차를 전문적으로 담당했던 관비官婢를 지칭하는 말입니다.

나은　아 그래요? 관리들이 차를 마시는 데 따로 전문적인 인력까지 필요했나보죠?

선생님　네, 조선시대에는 모든 관헌들이 차를 마셨습니다. 그중에서 지금의 판검사라 할 수 있는 사헌부의 관리들은 판결을 내리기 전에 차를 마시며 정신을 가다듬었습니다. 그 차를 마시는 곳이 바로 '다시청茶時廳²'이라는 곳이에요. 또 조선시대에는 왕도 궁중의 대소사를 논할 때 신하들과 차를 마셨습니다. 그러니 우리 차의 역사가 짧다고 할 수는 없죠.

나은은 짧은 칼을 들고 하늘을 날던 하지원과 이서진을 생각하며 피식 웃었다. '아! 그 다모가 내가 애청했던 TV드라마 속의 바로 그 다모였구나. 조선시대 판검사들까지 제대로 된 판결을 위해 차를 마셨다니 차가 그렇게 좋은 것인가?' 깊은 생각에 빠져든 나은에게 차 선생님이 말을 건넸다.

선생님　나은 씨, 나은 씨는 시집 갈 건가요?

1 다모(茶母) 조선 초기 각 관청에서 관리들의 차 심부름을 시키기 위해 서민계층에서 선발했다. 오늘날의 비서제도와 같은 것으로 조선 중기 이후 일반관사에서 관리들의 차시중과 술시중을 드는 관비(官婢)가 맡았다. 다모는 여자 비밀형사의 일을 맡기도 했을 뿐 아니라 '수청다모', '병방다모', '비장다모' 등 각 부서마다 다모가 있어 차 심부름을 맡았다.

2 다시청(茶時廳) 관리의 비행을 적발하여 규탄하고, 풍기와 풍속을 바로잡으며, 백성의 억울한 일들을 담당하는 사헌부가 부당하지 않은 판단을 내리기 위해 차를 마시면서 토론을 했다. 고종 때까지 계속되었으며 매일 아침업무를 시작하기 전에 반드시 다시를 가졌다. 다시를 행할 책임자를 미리 선정해 이를 승낙받기도 했다고 한다.

나은   당연하죠, 선생님. 그런데 차 역사랑 제가 시집가는 거랑 무슨 상관이라도 있나요?

선생님   우리 차 문화 중에 재미난 게 하나 있는데 바로 봉채封采[3]라는 문화예요. 나은 씨가 시집을 가면 결혼하기 전에 신랑 집에서 채단과 예물을 보내겠죠? 원래는 채단과 예물을 보내는 게 아니라 차를 보내는 것이었답니다. 고려시대부터 있었던 것이고 원래는 봉차封茶라고 불렀지요. 봉차 또는 봉채로 불리다가 지금은 없어진 문화가 되었어요.

나은   결혼 예물로 차를 보냈다니 무슨 의미가 있었던 것은 아닐까요?

선생님   맞습니다. 차나무의 특징은 뿌리가 땅속으로 곧게 파고들어가는 직근성直根性에 있습니다. 뿌리가 2미터까지 뻗는 경우도 있습니다. 그리고 다른 나무들과 다르게 씨앗으로 심어야만 잘 자라고 옮겨 심으면 죽는 경우가 많다는 게 또 다른 특징이라 할 수 있습니다. 게다가 씨앗들을 따로 심어도 가까이에 있으면 한 나무로 합해 자란다고 합니다.

나은   아하, 봉채 풍습은 차나무의 그러한 성격을 그대로 반영한 과학적인 것이었군요.

선생님   그렇습니다. 따로 심어도 한 나무로 합해 자라는 성질은 하늘이 맺어준 천상배필을, 한번 뿌리를 내리면 움직일 수 없는 직근성은 부부의 해로를, 무성한 차나무의 씨앗은 자손의 번성을 의미합니다.

나은   차나무는 결혼을 앞둔 남녀에겐 상서로운 상징물이었군요.

선생님   네, 천생배필에 백년해로하고 자손까지 번성하면 그보다 더 좋은 결혼생활이 어디 있겠습니까? 이처럼 봉채는 우리 조상들의 과학성에 입각한 문화정신을 그대로 반영하고 있는 좋은 풍습이었습니다. 이러한 봉채 풍습이 최근 차인들 사이에서 부활되고 있습니다. 나은 씨 결혼 때 봉채 받으면 어떨 것 같아요?

나은   쉽게 이혼하는 요즘 세태를 고려해 보면 참 좋은 의미를 지닌 것 같아요. 저도 한 번쯤 생각해 보겠습니다. 그런데 선생님, 봉채 풍습이 고

3 봉채(봉차) 고려시대부터 있었던 문화풍습으로 결혼하기 전 신랑집에서 신부집으로 차 씨앗을 보내는 것. 결혼하기 전 신랑집에서 신부집으로 채단과 예물을 보내는 것을 뜻하나 원래는 차를 보내는 것이었다. 차나무는 씨앗으로 심어야만 자라고 나무도 직근성이라 세근이 없기 때문에 옮겨 심으면 잘 자라지 않는다. 또한 씨앗을 따로 심으면 한 나무로 합하는 성질은 한번 결혼하면 절대로 떨어질 수 없다는 정절을, 씨앗이 무성한 것은 자손의 번성을 의미한 데서 연유한다.

씨씨 씨를 뿌리고
난난 물을 주었죠~

나
김대렴이야~

려시대부터 시작된 것이라면 우리 차 마시기의 역사는 언제부터 시작된
건가요?

선생님 우리 차 문화의 역사에는 여러 가지 설이 있지만 공식적인 기록은
삼국시대부터 이어지고 있어요. 그렇게 따지면 1,500년이 넘는다는 거
죠. 고려시대 장군총 벽화에 나오는 돈차가 가장 오래되었고, 공식적인
기록은 《삼국사기》부터 나옵니다.

나은   1,500년 전부터 차를 마셨다니 대단한 역사적 전통을 갖고 있네요.

선생님 네에, 《삼국사기》 기록을 보면 '신라 흥덕왕 3년(828년) 12월 당나
라에 사신으로 갔던 김대렴[4]이 중국에서 가져온 차 종자를 지리산에 심
었다. 차는 선덕여왕 때부터 있었는데 흥덕왕 때 이르러 번성했다'는 기
록이 전해지고 있습니다.

나은   그렇다면 차는 외국에서 전래된 수입품이었나요?

선생님 차의 기원에 대한 학설에는 차나무의 자생설과 전래설이 있는데

아직까지 정확한 규명은 이루어지지 않고 있습니다.

나은　그럼 최초로 차를 재배한 지역도 불분명하겠네요?

선생님　네네, 앞서 말했던 김대렴의 지리산 쌍계사와 화엄사 장죽전[5]이 한국의 최초의 차 재배지로 여겨지고 있습니다. 하지만 그 어떤 주장도 확실한 설득력을 인정받고 있지 못합니다. 나은씨, 우리 차 문화 수준이 지금 어느 수준까지 와 있는지 들어본 적 있나요?

나은은 당황했다. 일본의 차가 세계적인 수준을 자랑하고 자국의 문화정신을 대표하는 것이라는 이야기는 들어본 적이 있어도 우리 차 문화가 갖고 있는 문화적 수준에 대해서는 들어본 적이 없었기 때문이다.

나은　선생님, 잘 모르겠어요. 가끔 텔레비전을 보면 한복을 입고 앉아서 차를 우려내는 장면은 본 적이 있지만 제가 알고 있는 건 그게 전부인 걸요.

선생님　나은 씨, 우리 차 문화 역사가 1,500년 역사를 자랑하듯 현재 우리나라 차 문화도 세계적인 수준입니다. 세계 각국 박람회에 초청되는 것은 물론이고 세계의 심장이라 할 수 있는 유엔에서도 초청을 받는 등 조금씩 세계화의 길을 걷고 있습니다.

나은　차 문화 하면 일본이 제일인 줄 알았는데 한국의 차 문화도 일본에 결코 뒤지지 않는군요.

선생님　그렇습니다. 국내에서도 차 생산지의 자치단체는 물론이고 각종 문화행사에서도 차는 빠지지 않습니다. 차 문화를 공유하는 인구도 4백만이 넘고 차 관련 산업도 매년 20퍼센트 정도 신장세를 거듭하고 있습니다.

나은　한국에 4백만 명의 차 애호가들이 있다니 놀라운데요.

선생님　지금 한국 차는 제4의 부흥기를 맞이하고 있습니다. 1기는 삼국시

5 장죽전(長竹田) 《대화엄사사적기》에는 755년을 전후로 인도승려인 연기조사가 화엄사를 짓고 나서 인도에서 가져온 차 씨앗을 화엄사 장죽전에 심었다는 기록이 있다. 전남 구례 화엄사에는 지금도 장죽전 차밭이 있다.

전남 구례 화엄사의 장죽전 차밭

대, 2기는 고려시대, 3기는 초의스님, 추사 김정희, 다산 정약용 선생 등
이 주도한 조선 후기죠. 나은 씨는 혹시 다방茶房의 유래에 대해서 알고
있나요?

선생님이 뜬금없는 질문을 나은에게 던졌다. 나은은 요즘 보기 힘든
다방에 대해 이리저리 머리를 굴렸다. 뭔가 생각이 날 것 같았기 때문이
다. 그런데 나이 드신 분들이 찾는 커피숍이라는 생각, 그리고 지금은 점
차 사라져서 시골이나 도심 변두리에 있는 구식 찻집이라는 생각만 맴돌
았다.

나은　다방은 커피가 들어오면서 생긴 것 아닌가요? 사람들이 커피를 마
시면서 담화를 나누는 곳이고, 해방 이후에 들어왔고, 뭐 그 정도가 제가

아는 전부예요.

나은의 대답을 들은 차 선생님은 빙그레 미소를 지으며 이렇게 대답했다.

선생님 대부분 그렇게 알고 있지만, 고려시대부터 있었고 관리들과 일반 서민들이 차를 마셨던 곳입니다.

나은 아니, 고려시대 사람들도 다방에 출입했단 말이에요?

선생님 네, 고려시대는 우리 차 문화의 황금기에 해당합니다. 그래서 조정이나 궁중의 행사뿐 아니라 각 지방의 관청에서도 차를 준비하고 의례를 진행하는 다방과 다원茶院이 있었습니다.

나은 아하, 다방이 지금의 커피숍의 의미가 아니라 관청에 속한 기관이었군요.

선생님 그렇습니다. 고려의 성중관에 소속되어 있던 다방은 정3품의 다방시랑, 정5품의 지다방사, 6품의 다방참상, 어다방원리, 다방산직원, 다방인리, 다방별감 등으로 나뉘었고 직급에 따라 모자, 옷, 허리띠 색깔도 달랐습니다. 다원은 지금의 도청에 해당하는 곳과 주요 대도심에 자리를 잡고 있었습니다.

나은 다방이 중요한 관제 의전 기관이었군요.

선생님 《동국여지승람》을 살펴보면 경북 다방원, 경남 다견원, 황해 다정원, 충남 다정원, 경북 다정원이 있었다는 기록이 있습니다. 각 지방에 세워진 다원은 임금이나 관원, 스님과 같은 사회지도층들이 쉬어가던 곳이었지요. 차를 마시기 좋은 샘물이 있는 곳으로 아름다운 정자가 있었습니다.

나은 그 당시엔 다방이나 다원이 지배층들이 특권의식을 갖는 곳이었다는 생각이 드네요.

<u>선생님</u> 아닙니다. 여기엔 일반 서민들도 이용했던 다방도 존재했다고 합니다. 다방 즉 다원에 대한 기록은 신라시대에도 있었습니다. 그런 점에서 다방은 우리 차의 역사가 남아 있는 전통문화공간이었습니다. 그러다 차가 사라지면서 커피를 마시는 곳으로 변했고 지금은 그 존재가 점차 사라지고 있는 것입니다.

<u>나은</u>   차 마시기가 그토록 유용한 문화적 수단인지 몰랐어요.

<u>선생님</u> 과거에도 차 마시기는 정말 중요했죠. 현대인들은 신라시대부터 있었던 다방을 홀대해서는 안 되겠죠. 심지어 차를 전문적으로 담당했던 군인들도 있었답니다.

<u>나은</u>   선생님, 군인들은 무슨 차를 담당했죠? 아까 사헌부의 판검사들이 정확한 판결을 내리기 위해 차를 마셨던 것처럼 군인들도 전쟁을 잘 치르기 위해 차를 마신 건가요?

선생님 하하, 그런 이유는 아니고요. 차를 제대로 마시려면 많은 도구들을 준비해야 합니다. 그래서 아까 말했던 다방에 다군사茶軍士가 소속되어 있었습니다. 궁중 밖에서 왕이나 왕족 같은 사회지도층이 차회를 열면 다군사들은 차회에 필요한 도구들과 짐을 챙겼습니다. 특히 왕이 행차하는 차회를 열 때에는 항상 행로군사行爐軍士[1]와 다담군사茶擔軍士[2]가 함께 했습니다. 다군사는 전쟁엔 나가지 않고 왕이나 귀족들의 차회만 담당해서 인기가 무척 많았습니다.

나은 요즘으로 치면 대통령 의전담당 비서 같은 사람들이네요.

선생님 그렇죠. 사실 다군사제도는 신라시대 국선이나 화랑 그리고 낭도들이 산천을 유람하며 수련할 때 차를 마셨던 풍습에서 유래해 제도화된 것입니다. 그러한 점에서 다군사제도는 신라시대부터 유래한 것으로 보입니다. 고려를 건국했던 고려 왕건이 그 영향을 받아 다군사제도를 만들어낸 것이죠. 다군사제도는 전 세계 차 역사상 우리나라에서만 볼 수 있는 특별한 제도입니다.

나은은 놀랄 수밖에 없었다. 차는 그냥 마시는 것인 줄 알았는데 엄청난 역사가 내재되어 있는 우리의 전통문화였던 것이다. 나은은 내심 뿌듯해졌다. 기나긴 역사와 전통을 가진 우리 차 문화의 세계에 한발을 깊숙이 들여놓은 것 같았기 때문이다.

이윽고 나은의 생활에도 변화가 생겼다. 아침에 출근을 하면 가장 먼저 찾았던 커피를 녹차티백으로 바꿨던 것이다. 아침과 점심에 꼭 커피 한 잔씩 마셨던 나은의 변화에 사무실 사람들은 '나은 씨 몸 생각하기 시작했네'라며 의아해 했다. 그리고 나은의 차에 대한 관심은 퇴근 후에도 계속 이어졌다. 집에서도 틈만 나면 차에 관한 지식을 익혔다. 그리고 찾아온 두 번째 수업 날.

1 행로군사(行爐軍士) 고려시대 왕의 차 행사에 찻물을 끓일 수 있는 화로와 불을 담당했던 군사

2 다담군사(茶擔軍士) 고려시대 왕의 차 행사에 차 도구들을 담당했던 군사

선생님 자 여러분, 오늘은 우리 차 문화의 역사와 관련 인물에 대해서 알아보겠습니다. 우리나라에서는 차를 매우 화려하게 즐겼습니다. 서긍이 쓴 《고려도경》[1]에는 '고려인들은 차 마시기를 즐긴다. 다구를 만들 때 금꽃이 있는 검은잔, 청자 찻잔, 은화로, 세발 차솥 등을 썼다'고 기록되어 있듯이 당시 화려했던 고려인들의 차 생활을 알 수 있습니다.

나은 고려의 차 문화는 매우 귀족적이었군요?

선생님 그렇습니다. 차를 겨루는 놀이도 성행했습니다. 명전茗戰[2] 또는 투다라고도 불렸는데 차의 맛, 물, 찻그릇 등으로 세분화하여 평가했습니다. 고려 때 이연종이란 분이 '소년시절 영남사에서 신선놀이인 명전을 구경했다. 사미승들이 한식 전에 대숲에서 딴 고급차를 가루낸 것을 차 사발에 넣어 설유를 휘날리듯 쉬지 않고 점다點茶하는 것을 보았다'고 기록한 것을 볼 때 당시 사람들이 화려한 차 생활을 즐겼던 것으로 보입니다.

나은은 지난밤에 예습을 하다가 본 내용이 떠올랐다. 점필재 김종직[3]에 관한 이야기였다. 김종직은 함양군수 시절 생산되지도 않는 지역에서 차 공납을 원활히 하기 위해 '함양다원'을 조성했다. 그러한 김종직의 공덕을 기려 백성들은 공덕비를 세웠다고 한다. 그렇다면 했던 우리 차 문화 뒤에는 백성들의 아픔이 있었다는 이야기가 아닌가.

나은 선생님, 점필재 김종직 선생님은 자신이 부임한 함양군에 차가 생산되지 않자 공납량을 채우기 위해 함양다원을 조성했다고 하는데요, 그렇다면 화려한 차 생활 뒤에는 백성들의 고통도 함께 있었다는 이야기인가요?

선생님 그렇지요. 그것이 우리 차 문화가 쇠퇴하게 된 가장 큰 이유이기도 합니다. 지리산 이남지역에는 차를 공납하는 공납촌이 있었을 정도로 차

고려청자다관

고려청자찻잔

1 고려도경(高麗圖經) 고려 인종원년 1123년 6월 13일 송사 노윤적, 부사 부묵향을 따라 고려에 온 서긍이 한 달 동안 고려에 머물면서 지은 견문기행문이다. 서긍은 《고려도경》에서 고려의 갖가지 풍물을 그림과 문장으로 엮어냈다. 총 28문 3백여 항으로 분류한 《고려도경》은 1226년 금나라가 송나라 수도를 함락시켰을 때 정본은 불 타 없어졌으나 인하 조씨 소산당에서 인각해 간직한 것이 오늘날까지 이르고 있다. 《고려도경》 목록 31권 '다조(茶俎)'라는 절목에 당시 우리나라 차에 대한 기록이 있다. 《고려도경》은 고려시대 우리의 차 문화의 일단을 볼 수 있는 희귀한 자료이기도 하다.

2 명전(茗戰) 고려시대에 유행했던 차 겨루기로 투다(鬪茶)라 부르기도 했다. 이것은 중국 건안사람들이 시작한 것으로 차, 물, 찻그릇 등 세 부분으로 나누어 심사를 했다고 전해진다. 가장 첫 번째는 세 가지로 나누어 실시하는 품제(品第)다. 품제는 차의 등급을 평가하고, 차맛의 우열을 평가하고, 차 향기의 우열을 평가한다. 두 번째는 차의 산지를 알아맞히는 것이다. 차의 맛과 빛깔이 법제된 상태를 보고 그 산지가 어디인지를 정확하게 짚어내야 한다. 세 번째는 수각(水脚)출현시기의 조만(早晩)을 품다했다. 차를 겨루기 위해 품평에 올라온 몇 가지 기준은 다음과 같다. 차(茶)는 작설 낱알 등을 썼으며, 물은 금사천(金沙泉), 혜산천(惠山泉), 죽력수(竹瀝水), 호포천(虎砲泉)의 샘물 등이 주로 사용됐다. 명전에 필요한 차사발은 보온성이 뛰어난 토끼털 무늬의 검은 찻잔, 즉 건잔(建盞)이 주로 사용됐다. 명전은 우리나라에서는 고려 때 중국에서는 원, 명, 청대에 성행했다.

3 김종직(金宗直 1431-1492) 조선 전기 성리학자이며 문신이다. 경남 밀양에서 태어났으며 호는 점필재(佔畢齊) 자는 계온(季묘)이다. 김종직은 함양군수 시절 '함양다원'을 만들었다. 차가 생산되지 않는데도 불구하고 차를 공납해야 하는 함양의 백성들을 위해 《삼국사기》의 기록에 따라 지리산 밑에서 차나무를 찾아내 엄천사 북쪽 대나무밭 옆에 다원을 만들었다.

경남지역 최고의 차 산지였던 통도사 적멸보궁의 차밭

고려시대·조선시대에는 귀한 차를 진상했다. 그래서 당시 최고의 산지였던 전남·경남지방에는 차와 관련된 지명이 많다.

는 활발하게 생산되고 유통되었습니다. 현재 지명에 '다'가 들어간 곳은 대부분 차를 생산했던 고장으로 보시면 됩니다.

나은　그 후 한국차가 쇠퇴하게 된 결정적 계기가 있었나요?

선생님　네, 바로 조선시대의 잦은 전쟁과 과중한 차 공납 때문이었지요. 한창 일을 해야 할 농번기에 차 공납을 위해 노동력을 빼앗기는 것은 보릿고개를 맞이하는 농민들에게 큰 고통이었습니다. 그래서 어떤 농민은 차 공납을 피하려고 차나무에 불을 지르기도 했죠. 그래도 차 과세가 없어지지 않아 살던 곳을 떠난 사람들도 있었답니다. 차 마시기란 당시 너무 집권층만을 위한 배타적인 문화였나 봅니다.

　　나은은 지리산 이남에 위치한 지금의 전라남북도, 경상남북도 대부분의 지역에서 차가 생산되어 왔다는 것을 알 수 있었다. 우리나라도 대규모의 차 생산지였던 셈이었다.

나은　선생님, 그럼 우리나라 사람들은 지금 차를 얼마나 많이 마셔요?

선생님　음, 우리나라 사람들은 차를 그렇게 많이 마시지 않아요. 1인당 약 60그램 정도로 100그램 차 한 통을 먹는 사람이 드뭅니다.

나은　일본에 갔더니 어디를 가든지 차가 준비되어 있던데요.

선생님　맞습니다. 일본인이나 중국인은 차를 아주 많이 마십니다. 한국인의 두 배가 넘는 200그램 정도를 마시지요.

나은　200그램이라면 상당한 양 아닌가요?

선생님　그렇죠. 그래서 일본이나 중국 같은 나라는 차가 하나의 산업으로 크게 성장하고 있습니다. 혹시 얼마 전에 TV에 나왔던 '다마고도'라는 다큐멘터리를 보았나요? 옛날 중국에서는 그 당시 가장 중요한 전쟁 물자였던 말과 차를 교환 수출하는 다마茶馬무역이 성행했습니다. 그만큼 차가 일상생활에서 차지하는 비중이 컸다는 이야기입니다.

나은   그들에게 차는 말 못지않은 중요한 물자였군요.

선생님 네, 그에 반해 우리나라의 차 수요가 적은 것에는 여러 가지 이유가 있습니다만 우리나라의 물맛이 너무 좋기 때문이라는 말도 있습니다.

나은   선생님, 얼마 전에 『적벽대전』이라는 영화를 봤는데 그때 조조가 차를 마시다가 시간을 놓쳐 전쟁에서 지는 장면을 봤습니다. 우리나라 임진왜란이 도자기 전쟁이라는 이야기도 들은 것 같고, 또 아편 전쟁도 차와 연관이 있다는 것으로 알고 있습니다. 차가 전쟁을 일으킬 정도로 중요했고 실제로 그런 역사적 사건들이 있었나요?

선생님 조선시대에 일어난 임진왜란은 조선의 뛰어난 도자기 기술을 둘러싸고 일어난 도자기 전쟁이었습니다. 당시 조선은 최고의 선진기술을 갖춘 도자기 제조국이었습니다. 그런 조선의 도자기 기술이 탐난 일본은

임진왜란을 일으켰고 우리나라 도공들을 일본으로 데려가 도자기 기술을 발전시켰습니다.

나은 그렇군요. 그럼 아편 전쟁은요?

선생님 영국 상인들이 중국 광주를 중심으로 아편 무역을 활발하게 전개하자 청나라 정부는 아편 2 만 상자를 몰수해 바다에 수장했습니다. 이것을 빌 미로 영국이 중국과 일으킨 전쟁이 바로 아편 전 쟁입니다. 아편 전쟁의 이면을 살펴보면, 당시 중 국은 차에 있어서 세계적으로 독점적인 지위를 누 리고 있었습니다. 당시 영국은 차가 많이 필요했 죠. 청나라는 차의 결제대금으로 은을 요구했습니 다. 영국은 은 조달에 한계를 느낀 나머지 아편을 판 것이지요. 은을 받고 아편을 팔아 차를 구입한 셈입니다.

차나무는 하얀 꽃을 피운다. 10월부터 개화하는 차꽃은 황 량한 겨울을 지키는 꽃으로 많 은 사람들의 사랑을 받고 있다.

차가 인류의 역사에서 얼마나 큰 역할을 했는지 나은은 생각했다. 차 는 곧 인간의 생필품이었고 차를 확보하기 위한 많은 인류사의 투쟁들이 실제로 벌어졌던 것이었다.

나은이 깊은 생각에 잠겨 있는 동안 차 선생님께서 여러 종류의 찻잎 을 교탁 위에 꺼내놓기 시작했다. 녹차를 비롯한 각종 차들이 투명한 유 리용기에 담겨 있었다. 녹차, 오룡차, 대홍포, 무이암차 등 듣도 보도 못 한 차 이름들이 즐비했다. 그때까지만 해도 나은은 녹차와 말차가 차를 대표하는 것인 줄 알았다. 하지만 눈앞에 펼쳐진 차의 종류만 해도 50여 가지가 넘는 게 아닌가. 나은의 차에 대한 지적인 갈증을 눈치채셨는지 선생님은 본격적인 교육을 시작했다.

녹차

차의 다양한 분류

❖ 불발효차(녹차)

차는 만드는 과정에서 발효(숙성)정도에 따라 이름도 달라진다. 녹차, 백차, 청차, 흑차, 황차, 홍차 등으로 분류된다. 비빔과 덖음의 과정에서 산화(발효)를 완전히 멈추게 하는 기술로 만들어낸 차를 '불발효차'라고 한다. 우리나라를 대표하는 덖음차인 녹차가 바로 그 계열이다. 녹차는 비빔과 덖음의 과정을 통해 찻잎의 산화를 막아 차 고유의 싱싱하고 향긋한 맛을 낸다. 한국차는 바로 이 녹차를 뜻한다고 보면 된다. 전국 5천여 곳의 차 농가에서 대부분 덖음 방식으로 녹차를 생산해 판매하고 있기 때문이다. 우리나라에서는 그 녹차를 따는 시기에 따라 다양한 이름으로 부른다. 일본에서는 녹차를 쪄서 산화를 중지시킨다. 채취한 찻잎을 급속한 고열 증기로 처리해 급속 냉각시켜 만든 것이 바로 쪄서 만든 녹차인 것이다. 특별한 공정 없이 그대로 건조해 만드는 백차 역시 불발효차로 분류된다. 백차는 솜털이 촘촘히 덮인 차의 어린 싹을 덖거나 비비지 않고 그대로 건조시켜서 만든다.

❖ 반발효차(오룡차)

15%에서 60%까지 발효시켜 만든 차가 바로 '반발효차'다. 중국에서 나는 차가 대부분이다. 그중 포종차는 15%, 철관음은 30%, 오룡차는 50~60% 정도 발효시켜 만들어낸 차들이다. 청차는 불발효차인 녹차와 완전발효차인 홍차의 중간에 있다. 반발효차는 중국 남부와 대만에서 생산되는 반발효차로서 차의 빛깔은 연한 다갈색을 띠고 독특한 향이 난다. 중국과 대만 차나무의 특성을 살린 반발효차들은 오룡차라는 이름으로 세계적인 상품으로 인증 받았다. 우리나라에서도 많은 차인들이 오룡차를 즐겨 마신다. 현재 반발효차인 오룡차는 인터넷 쇼핑몰 그리고 서울 인사동을 비롯한 대부분의 전통찻집과 차 판매점에서 구입 가능하고, 가격은 보통 100g 기준으로 3~5만 원 정도의 가격이면 적당하다. 최근에는 약 2만 원 내외로도 구매할 수 있는 좋은 오룡차들

반발효차의 대명사로
잘 알려진 오룡차

이 수입되고 있다. 그리고 중국차나 외국차를 구입할 때 주의해야 할 점은 그것이 정식으로 통관절차를 거친 차인지를 꼭 알아봐야 한다는 것이다. 현재 중국에서 수입되는 많은 차는 개인이 구매한 것들이 대부분이라 차의 안정성 문제가 제기되고 있기 때문이다. 정식 통관절차를 거친 차들은 검역과정을 거치기 때문에 적어도 안정성만큼은 믿을 수 있다.

❖ 완전발효차(흑차, 홍차, 발효차)
찻잎을 오랫동안 숙성시켜 완전히 발효하거나 짧은 시간에 강제로 완전히 발효시킨 차들을 '완전발효차'라고 부른다. 흑차 계열에는 보이차, 홍차, 황차 같은 차들이 속해 있다. 흑차는 완전히 발효된 찻잎이 되는 것으로 긴 발효과정을 통

중국에서 생산되는 보이차는 대표적인 발효차이다.

우리나라에도 다양한 종류의 발효차가 존재한다. 장흥의 청태전을 비롯해 하동의 잭살 등 다양한 발효차들이 최근 큰 인기를 끌고 있다.

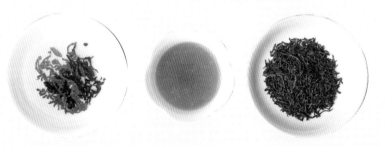

우리가 마시는 홍차 역시 완전발효차다. 홍차를 대표하는 중국의 기문홍차

해 찻잎의 떫은맛이 순화되어 부드러운 맛으로 변한다. 발효된 차는 그 색깔이 담홍색이나 흑갈색이어서 흑차라고도 부른다. 최근 흑차에 대한 관심이 급격히 높아지고 있는 것은 흑차 특유의 부드러움과 와인을 연상케 하는 색감 때문이다. 최근 완전발효차 가운데 한국의 발효차(황차)가 인기를 끌고 있다. 그중에는 벽돌처럼 고정시킨 단차와 발효시킨 찻잎을 그대로 담은 산차가 있다. 100g 기준으로 3만 원에서 10만 원까지 종류가 다양하다. 최근 발효차를 만드는 제다업체들이 늘어 인터넷을 검색하면 직접 배송 받을 수 있고, 전국의 차 판매점에서도 살 수 있다. 다음은 중국의 보이차 등 흑차 계열이다. 이중 가장 까다로운 것이 바로 보이차다. 보이차의 무게는 약 300~400g으로 추정된다. 그 종류도 천차만별이다. 그중에서 가장 쉽게 판별되는 것은 생차와 숙차다. 가격도 만 원에서 수천만 원에 이르기까지 매우 다양하다. 그러나 최근 들어 당해 연도 보이생차와 숙차의 경우는 편당 3만 원에서 5만 원 정도의 가격으로 시중에서 팔리고 있다. 보이차도 마찬가지다. 인터넷 쇼핑몰이나 차 판매점에서 쉽게 구할 수는 있지만 그 진품의 진위여부를 구별하기가 힘들다. 보이차를 수입하는 구매 경로가 확실치 않기 때문이다. 보이차 역시 정식 통관절차를 거친 것인지 중국에서 인정하는 공식차창에서 만든 것인지를 확인하는 길이 제일 안전하다.

❖ 가루차(말차)
가루차 흔히 말차라고 부르는 이 차는 중국에서 처음 났으나 현재는 일본을 대표하는 차로 인식되고 있다. 말차는 찻잎을 제다해 맷돌 등 여러 가지 도구를 이용하여 미세한 분말로 만들어 마시는 차이다. 가루차를 만들기 위해 차나무에 채광막을 씌우는 등 별도의 관리를 통해 생산하게 된다. 국내산 말차의 경우 50g당 1만 5천 원부터 5만 원까지, 일본산 말차의 경우 20g당 3만 원부터 20만 원까지 가격대가 다양하다.

이밖에도 다양한 차 분류법이 존재한다. 찻잎을 따는 시기에 따라 곡우(4월 20일) 전에 딴 어린찻잎으로 만든 우전, 곡우에서 입하 사이에 따는 찻잎으로 만든 세작, 입하 이후 5월 중순경에 딴 찻잎으로 만든 중작, 5월 말까지 딴 찻잎으로 만든 대작 등으로 나뉜다. 곡우 전에 딴 우전차

는 최초의 어린찻잎으로 만들기 때문에 채취부터 공정과정이 까다롭고 수량도 적어 값이 비싸다. 그래서 우전은 최고급 차의 대명사로 불린다. 세작은 우리가 흔히 알고 있는 녹차다. 대부분의 녹차는 세작으로 만들며 그 맛과 향도 뛰어나 녹차를 애호하는 사람들의 사랑을 받고 있다. 대부분의 차 생산자들은 자신의 브랜드를 통상적으로 우전, 세작, 중작, 대작 등으로 분류해 소비자들에게 공급한다. 차통을 보면 각 상표의 위나 아래에 자신이 생산하는 차의 등급을 우전, 세작, 중작, 대작으로 구분한다. 차의 가격 역시 등급에 따라 다르다. 우전차는 채취부터 공정까지 많은 비용이 들기 때문에 가격이 수십만 원에 이르기도 한다. 그러나 세작은 보통 10만 원 내외이고, 중작과 대작은 2~3만 원 내외에서 거래된다. 또 다른 분류법도 있다. 차밭의 나무에서 처음 딴 찻잎으로 만든 첫물차, 두 번째 딴 찻잎으로 만든 두물차, 세 번째 딴 찻잎으로 만든 세물차, 네 번째 딴 찻잎으로 만든 네물차로 부르기도 한다.

선생님 여러분, 작설차雀舌茶라는 말을 많이 들어 보았지요? 작설차는 찻잎이 참새의 혓바닥 같은 차라는 뜻으로 통상 세작의 차를 일컫습니다. 차 분류법에 대한 상식이 없을 때는 대부분의 녹차를 그냥 작설차라고 불렀습니다. 작설차라는 말은 옛날 차인들이 자주 쓰던 녹차의 이름 중 하나이기도 합니다.

나은은 세세한 분류법으로 차가 다양한 종류로 나뉜다는 것에 놀라움을 금치 못했다. 지금까지 나은은 차가 그냥 공장에서 천편일률적으로 생산되는 줄 알았기 때문이다. 차는 아주 미세한 차이로 완성되고, 그 품질 역시 아주 미세한 차이로 결정되는 섬세한 것이었다. 강의 중간에 차 선생님이 말씀하신 '차는 문화요, 과학이요, 인격이다'라는 말 가운데 '차는 과학이다'는 말에 공감할 수 있었다.

2

좋은 차, 고르고 먹는 법

좋은 차, 이렇게 골라요!

　나은은 차가 결코 단순하게 분류될 수 없음을 깨달았다. 전 세계적으로 다양한 차가 존재할 뿐 아니라 그 종류 역시 수백 가지나 된다는 것을 알았다. 나은의 차에 대한 호기심이 본격적으로 발동하기 시작했다. 그렇게 많은 차 중에서도 분명 좋은 차를 골라내는 방법이 있을 듯했다.

나은　선생님, 차는 무조건 다 좋은 건가요? 이렇게 차가 많은데 어떻게 골라 마셔야 하나요?

선생님　매우 어려운 질문이군요. 분명 좋은 차는 있습니다. 세계적으로 명차라고 알려진 브랜드들이 많이 있지요? 차는 다른 상품들과는 달리 단지 브랜드의 인지도로 품질을 평가할 수는 없답니다.

나은　그럼 유명 차 브랜드 제품이라고 해서 반드시 좋은 차는 아니라는 말씀이신가요?

<u>선생님</u>　그렇죠. 브랜드보다는 차나무의 생육정도, 산지 기후, 만드는 사람의 마음가짐에 따라 그리고 출하시기에 따라 차맛은 달라집니다. 좋은 차를 고르는 것은 매우 어렵고 힘든 일입니다.

<u>나은</u>　일반인들이 그런 자세한 정보를 모두 알 수는 없지 않을까요?

<u>선생님</u>　네, 그래서 일단 다양한 차를 많이 마셔야 하고 오랜 경험 속에 축적된 감각으로 좋은 차를 골라야 합니다. 그리고 중요한 것은 개개인의 취향에 따라 좋은 차 또는 나쁜 차가 구분된다는 겁니다.

좋은 차를 고르는 첫 번째 조건은 우선 안전한 차인가 하는 것이다. 차 생산에서 제다까지, 친환경적인 상태에서 차를 생육하고 제다했는지 꼼꼼히 따져야 한다. 그 다음은 풍부한 경험을 통해 좋은 차맛에 대한 개인의 기준을 갖는 것이다. 모든 사람은 그 체질에 따라 맛의 취향이 다르

다. 그 취향을 체화시킨 다음에 자신에게 맞는 좋은 차에 대한 기준을 만들고 그 기준에서 차를 선택하는 것이다. 많은 사람들이 통상적으로 제시하고 있는 색·향·미에 대한 것은 대부분 좋은 녹차에 대한 기준이라는 것을 알아야 한다. 물론 흑차나 오룡차 계열 역시 향과 맛에 대해서는 비슷한 기준을 갖고 있지만 우려낸 찻물의 탕색에 대해서는 다른 기준을 가져야 한다.

먼저 좋은 녹차의 기준인 색·향·미에 대해 알아보자. 색·향·미라는 기준은 대부분 녹차에 대해 제시하는 기준이다. '색'이란 우려낸 차탕의 빛깔을 말한다. 장원은 《다록》[1]에서 차의 색깔에 대해 "차는 맑고 푸른 것이 가장 좋다. 누런색, 검은색, 붉은색, 갈색 등은 좋지 않다"고 했고, 초의스님도 "맑고 푸른 것이 뛰어나다. 누렇거나 검거나 붉고 어두운 것은 품수에 들지 못한다"고 평했다.

두 번째는 맛이다. 맛 역시 매우 어려운 선택 중 하나다. 지금까지 알려진 최고의 차맛에 대한 기준은 '달고 부드러운 것'이다. 녹차 맛에 있어서 부드러운 것은 대부분 입안에서 느껴진다. 물과 절묘하게 조화된 부드러운 맛은 혀와 입 그리고 목 넘김에 있어서도 단숨에 느낄 수 있다. 그러나 달다는 말에 대한 해석은 여러 가지로 나뉠 수 있다. 실제로 차맛을 보면 단맛이 올라오는 것을 느끼는 경우는 적다. 많은 전문가들은 이 경우 '달다'는 맛에 대한 정의를 차를 마신 후 목구멍과 혀를 감고 올라오는 단맛을 말한다. 그 같은 단맛을 느끼기 위해서는 차 한 잔을 마신 후 눈을 감고 천천히 그 맛을 음미할 때 느낄 수 있다. 차맛은 구수한 것이 최고라는 말을 하는 사람도 있다. 그러나 그것은 잘못된 평가다. 차를 만들 때 차를 너무 과하게 덖으면 구수한 맛이 난다. 그런 점에서 그 차는 명차가 아니라 약간 '태워버린 차'가 되는 것이다.

세 번째는 향이다. 잘 만든 차에서는 맑고 가볍고 잘 익은 향기가 난다. 이런 향기를 머금은 차는 마신 후에 입안과 찻잔에도 잔향이 그윽하

1 다록(茶錄) 다록은 송나라 때 복건성 건안 동쪽에 잇는 봉황산의 산록에 '북원(北苑)'이라 부른 차밭을 관리하던 채양에 의해 저술된 것이다. 당시 황제는 차에 관한 의문을 채양에게 하문했다. 채양은 황제의 하문에 답하기 위해 차에 관한 여러 가지 일들을 정리하여 책으로 묶어 바쳤다. 그 책자가 바로 《다록》이다. 채양은 당시 차제법과 차의 품평 그리고 황제의 다도를 상세하게 저술했다.

게 오래 머문다. 조금 더 전문적인 표현을 하면 겉과 속이 한결같은 '순향', 설익지도 않고 너무 익지도 않은 '청향', 불김을 고르게 머금고 있는 '난향', 곡우 전에 신묘한 기운을 갖춘 '진향' 등을 모두 포함한 향을 참된 차의 향이라고 본다.

좋은 중국차 고르는 법

우리가 매우 관심이 많은 좋은 중국차를 고르는 법도 있다. 먼저 좋은 오룡차를 고르는 기준이다. 20~70% 정도를 발효한 오룡차에는 수많은 브랜드가 있다. 그중 가장 대표적인 명차로 꼽히는 무이산 대홍포차, 철관음차, 수선, 봉황단총, 백호오룡, 문산포종차 등에 대해 간략하게 언급하겠다. 무이산 대홍포차는 중국 복건성 무이암에서 생산되는 차로 맛은 순하고 향은 진하면서도 그윽한 것이 특징이다. 철관음은 중국 복건성 안계현에서 생산되어 안계철관음이라고도 불린다. 다 자란 찻잎으로 만드는 철관음은 선명한 등황색이며 여러 번 우려내도 그 맛과 향이 변하지 않는다. 중국복건성 수선이라는 차나무 품종으로 만든 수선차는 가열처리를 많이 하기 때문에 약간 태운 냄새가 나고, 발효율도 높아 차탕이 연한 갈색을 띤다. 봉황단총은 차를 우리면 그 향기가 오래도록 지속되고 독특한 천연 난초꽃향기를 낸다. 그 맛의 느낌이 순하면서도 시원하고 상쾌해 부드럽게 목으로 넘어가며 뒷맛은 달콤하다. 차탕색은 맑은 황색을 띤다. 대만 중부지역 동정산에서 생산되는 동정오룡차는 차탕이 밝은 황금색을 띨 뿐 아니라 그 맛이 부드럽고 향기가 강해 마시고 난 뒤 입에 단맛이 남는 것이 특징이다. 백호오룡은 흔히 동방미인으로 불리며 벌꿀과 같은 향기를 지니고 있고 차탕은 홍차에 가까운 홍색을 띤다. 문산포종차는 청아한 맛이 매우 강해 일명 '청차'라고 불리며, 차탕은 맑은

서호용정

황산모봉

태평후괴

신양모첨

안계철관음

벽라춘

보이차의 탕색은 좋은 보이차를 판별할 수 있는 하나의 기준이다. 좋은 보이차는 오래 묵은 좋은 술의 홍색을 띤다.

황금색을 띄고 찻잎 자체에 꽃향기가 있어서 차를 마신 뒤에 입안에 상쾌함이 감도는 것이 특징이다. 좋은 오룡차의 전체적인 특징을 말한다면 녹차의 산뜻하고 신선한 향을 지니고 있으며 홍차의 풍미와 입안에 가득한 부드러운 단맛이 일품이다. 오룡차는 앞서 살펴봤지만 발효 정도의 폭이 넓어서 향과 맛 역시 다양하게 표출된다.

　　다음은 대표적인 흑차인 좋은 보이차를 고르는 방법이다. 좋은 보이차는 외형이 풍부하고 광택이 흐르고 갈홍색을 띤다. 탕색은 보석의 붉은 빛, 마노의 홍색, 석류의 홍색, 오래 묵은 좋은 술의 홍색, 호박색 등 깊고 아름다운 느낌을 낸다. 보이차의 맛은 또 둥글고 매끄러운 느낌과 함께 입안에 착 달라붙는 느낌을 준다.

<u>선생님</u>　나은 씨, 나은 씨도 우리 녹차를 사려고 전통찻집이나 차 파는 가게에 가본 적이 있나요?
<u>나은</u>　예전엔 몰랐지만, 근래 들어 몇 군데 들려보기도 하고 인터넷 쇼핑몰도 가본 적이 있어요.

선생님 그래, 좋은 차를 살만 하던가요?

나은 아니요, 선생님. 종류도 너무 많고 값도 천차만별이라 도대체 고를 수가 없더라고요. 다른 제품들은 상세한 설명이 있는데 차는 그런 설명도 부족하고 어떻게 사야할지도 모르겠고, 값만 보고 사자니 너무 비싸기도 하고. 너무 어려운 것 같아서 포기한 적이 한두 번이 아니었어요. 그리고 차 가격만 보면 웬만한 서민들은 사먹기도 힘들 것 같던데요.

선생님 최근 뉴스를 보면 어떤 명인의 차가 100그램에 100만 원에 팔리기도 한다는 소식도 들었습니다. 차는 나은 씨의 말대로 그 가격과 맛이 천차만별입니다.

나은 그럼 어떻게 나에게 맞는 차를 골라야 하죠?

선생님 제대로 차를 구하고 차맛을 즐기려면 다른 음료와 다르게 최소한의 공부가 필요합니다. 차를 감별하고 차 도구를 고르고 차를 제대로 즐기기 위해서는 최소한의 상식이 필요하기 때문입니다.

나은 이론만 너무 많이 알아도 막상 차를 사려면 막막하던데…….

선생님 그렇죠. 좋은 차를 고르기 위해서는 차를 우선 직접 만들어보는 방법을 추천하고 싶네요. 찻잎을 직접 채취하고 직접 덖고 우려내 먹어보는 것입니다. 차가 만들어지는 과정을 몸소 체험하면 차를 접하는 느낌이 많이 달라집니다.

나은 차를 만들어보는 일을 어디서 해볼 수 있을까요?

선생님 최근 들어 차를 생산하는 지자체를 중심으로 제다 체험장이 많이 생겼습니다. 그리고 차밭을 운영하는 제다인들이 차에 대한 이해도를 높이기 위해 직접 제다 체험장을 운영하는 곳도 있습니다.

나은 몸과 마음으로 직접 느낄 때 좋은 차를 고를 수 있는 안목이 생기는군요.

선생님 그런데 가장 어려운 것은 아직 우리나라 녹차 맛에 대한 공식적인 기준표가 없다는 것입니다. 차를 생산하는 장인과 명인들의 견해가 여러

전남 보성에 있는 대한다원 차밭
대한민국 녹차 수도를 구호로 내걸고 있는 전남 보성은 한국을 대표하는 차 생산지 중 한 곳이다.

아름다운 풍광을 자랑하는 경남 하동의 차밭
천년 차의 고장을 구호로 내걸고 있는 경남 하동은 한국을 대표하는 차 생산지 중 한 곳이다.

가지고, 그것을 심사하고 평가하는 기준이 없기 때문입니다. 하지만 최근 여러 단체들을 중심으로 우리 차에 대한 심평연구가 활발하게 이루어지고 있어서 조만간 한국 녹차의 기준도 마련될 것으로 보입니다. 그러한 기준이 마련된다면 모든 사람들이 손쉽게 좋은 차를 고르고 마실 수 있겠지요.

우리나라의 차 산지는 주로 지리산 이남에 한정되어 있습니다만 최근 들어 강원도에서도 유리온실을 만들어 인공으로 재배하는 곳이 생겼습니다. 우리나라 최고의 차 산지는 전남 보성과 경남 하동군, 제주도 등을 들 수 있습니다. 세 곳 모두 500헥타르에 이르는 방대한 차 농지와 수백 곳의 차 농가가 있을 정도로 활발합니다. 그리고 구례 광주 산청 강진 장흥 해남 광양 김해 정읍 등 여러 곳에서 차를 생산하고 있을 정도로 활성화되고 있습니다.

올바른 차 보관법

나은   선생님, 구증구포차가 있다는데 그게 뭔가요? 구증구포차가 최고라고 하는 사람들도 있던데요?

선생님 녹차에 대한 구증구포九蒸九曝는 하나의 논쟁거리입니다. 사실은 논쟁거리가 아님에도 역사적 사실에 대한 해석의 오류 때문에 생긴 일입니다.

나은   그런데 구증구포의 정확한 뜻은 무언가요?

선생님 말 그대로 아홉 번 말리고 아홉 번 찐다는 것이지요. 차를 이렇게 만들 수는 없습니다. 물론 억지로 만들 수는 있겠지요. 그렇지만 성공할 확률이 매우 낮고 대부분 부서질 것입니다. 그렇게 해서는 차를 생산할 수 없지요.

나은 그런데 왜 차에 있어서 구증구포란 개념이 생겨났죠?

선생님 차에서 구증구포란 매우 상징적인 의미라고 보면 됩니다. 구증구포의 오류를 정확히 알기 위해서는 우선 전통 덖음차에 대한 이해가 필요합니다. 전통 덖음차는 먼저 뜨거운 솥에 생엽生葉을 넣고 자체 수분만으로 충분히 익힙니다. 그렇게 익힌 찻잎을 다시 뜨거운 솥에 넣고 처음과 같이 찻잎의 수분만으로 뜨겁게 익혔다가 비벼 식히는 과정을 여러 번 반복합니다.

이게 몇번째 찌는거더라…

나은 아, 찻잎을 익히는 과정을 아홉 번 반복한다는 뜻이군요.

선생님 이때 꼭 아홉 번을 고집하는 사람도 있습니다. 이렇게 여러 번 찻잎에 열을 가하고 식히기를 반복하는 대표적인 방법이 구증구포여서 이것을 정성스럽게 차를 만드는 방법의 상징으로 쓴 것입니다.

나은은 차에 대한 강의를 들을수록 신이 났다. 우리나라뿐 아니라 중국, 일본으로 이어지는 무궁무진한 차 문화와 역사는 한 편의 드라마처럼 재미있었기 때문이었다.

그리고 또 하나의 재미는 바로 차를 마시는 재미에 있었다. 나은은 퇴근 후 곧장 가까운 술집으로 직행하던 '주당'이었다. 그런데 차를 마시기 시작하면서 '주당'에서 '차당'으로 변하기 시작했다. 이제 나은은 퇴근시간이 은근히 기다려졌다. 퇴근 후 생수 한 병을 산 뒤 집에서 쇠로 만든 포트에 물을 끓여 차를 한 잔씩 홀짝홀짝 들이키며 명상음악을 듣는 재미가 너무도 쏠쏠했기 때문이었다. 그래서 그런지 주변에서는 나은에게 요즘 예뻐졌다는 소리를 많이 했다.

차를 마시고 싶어 집으로 가는 발걸음을 재촉했던 나은. 하지만 차의

차를 보관하고 있는 차항아리
차의 원래 맛을 유지하기 위해서는 보관하는 용기가 매우 중요하다. 그중에서 가장 좋은 차 보관용기로 알려진 것이 바로 도자기나 옹기로 된 항아리다.

세계는 그리 쉽사리 마스터할 수 없는 오묘한 것이었던가. 어느 날 집에서 정성껏 끓였던 차가 맛도 향도 없이 그저 씁쓸하기만 한 것이 아닌가. 그래서 나은은 '내가 물을 잘못 골랐나, 아니면 너무 양을 조금 넣었나?' 하는 생각을 하며 저녁을 먹은 후 다시 한 번 차를 정성스럽게 우려냈다. 그런데 결과는 마찬가지였다. 차 교실에서 마시는 차맛이 아닌 전혀 다른 맛이었다. 실망한 나은은 그 이유가 궁금해졌다. 차 수업이 시작되자마자 나은이 손을 들고 질문을 했다.

나은 선생님, 제가 차를 잘못 우려내서 그런 걸까요? 제 차가 갈수록 맛이 없어져요. 왜 그럴까요?
선생님 나은 씨, 지금 차를 어떻게 보관하고 있지요?
나은 그냥 차통에 보관하고 있어요.
선생님 차통의 입구를 단단히 봉해서 보관하고 있나요?
나은 차 봉지를 가위로 자른 채 그냥 보관하고 있어요.

선생님 그래서 그런 겁니다. 차는 매우 예민하기 때문에 보관에 신경 쓰지 않으면 본래의 맛을 빨리 잃어버립니다. 그래서 차의 보관은 매우 중요하답니다. 차를 제대로 보관하지 않으면 아무리 비싸고 좋은 차라도 순식간에 나쁜 차로 변질됩니다.

나은 아하, 차를 보관하는 일이 그토록 중요한 줄 몰랐어요!

선생님 초의스님께서는 차를 만들 때는 정성을 다하고, 그 차를 보관할 때는 건조한 것에 두어야 하며, 탕을 끓일 때는 청결하게 해야 한다고 했습니다. 차는 흡착성이 매우 강합니다. 차는 다른 향이나 악취와 같이 있으면 쉽게 오염되어 본래의 맛과 향기를 잃어버립니다.

나은 그러한 차의 과학적 특성들을 먼저 이해해야겠군요.

선생님 네, 차를 화학적으로 분석해본 결과 차에는 마치 해면이 물을 흡수하듯 다른 냄새나 맛, 수분 등 공기 중에 기화된 어떤 것이든 빨아들이는 흡착작용이 있다고 나옵니다. 차는 햇빛에 직접 닿으면 폴리페놀 성분이 쉽게 산화되고, 온도가 높으면 차의 엽록소가 쉽게 분해되어 찻잎이 누렇게 변질됩니다. 그래서 차는 햇빛이 안 들고 통풍이 잘 되는 곳에 밀봉해 보관해야 합니다.

나은 그럼 차의 저장온도는 어떻게 되나요?

선생님 녹차는 특히 저온에서 저장하는 것이 좋습니다. 섭씨 5도 정도로 냉장 보관하는 것이 좋고, 이때 다른 음식들과 함께 보관하면 안 됩니다. 그래서 요즘 어떤 차인들은 차만 보관하는 차 냉장고를 따로 사서 차를 관리하기도 합니다.

나은 차 냉장고라, 차 보관 역시 너무 까다로운데요.

선생님 아닙니다. 차를 보관하는 것이 어렵기만 한 것은 아닙니다. 자기, 토기, 금속, 유리, 종이 등 여러 재질의 보관 용기를 쓸 수가 있기 때문입니다. 하지만 각 차통마다 한 가지 차 종류만 보관해야한다는 점은 유의해야 할 부분입니다. 녹차통으로 사용했으면 녹차만을, 보이차통으로 사

용했으면 보이차만을 사용해야 합니다. 청
차, 흑차, 홍차 등 차향이 강한 것들은
차통에 차향이 배어 있어서 다른 차의
향과 맛에 배어들기 때문입니다.

나은 선생님, 그러면 제가 차를 아무 곳
에나 방치해서 생긴 일이네요. 그렇다면 그
아까운 것들을 그냥 버려야 하나요?

선생님 버리긴요. 그 차를 회복시키는 방법이 있습니다.
우리가 찬밥을 데워 먹는 원리와 같습니다.

나은 잘못 보관한 차를 재활용하는 방법이 있다는
말씀?

선생님 네, 집에 있는 깨끗한 무쇠 솥뚜껑이나
프라이팬에 찻잎을 넣고 약한 불에 골고루 덖다
가 고소한 차향이 나면 불을 끕니다. 그런 뒤 차
를 식혀서 차통에 담아 먹으면 원래의 향과 맛을
다시 느낄 수 있습니다. 번거롭지만 먹을 수 있는 만
큼만 다시 덖어 먹으면 좋은 차의 맛과 향을 오랫동안 즐
길 수 있습니다.

우리 몸에 정말 좋은 차의 효능

궁금증이 풀린 나은은 너무도 기뻤다. 차란 역시 문화와 과학이 잘 어
우러진 신비로운 음료였다. 집에 돌아와 차를 프라이팬에 덖은 후 먹었
다. 선생님 말씀이 맞았다. 향긋하고 은은한 차맛이 우러나왔다.

머칠 뒤, 나은의 회사에서 외국기업 파트너들과 국내기업 파트너들에 대한 새로운 사업계획 프레젠테이션이 있었다. 나은의 회사로서는 매우 중요한 프레젠테이션이었다. 그 긴장감과 압박감을 이기기 위해 나은은 차를 마시기로 했다. 보온병에 차를 가득 우려내 프레젠테이션 장소에 가져간 것이다. 차를 한 잔 쭉 들이키자 조급함과 긴장감이 해소됐다. 신기한 일이었다. 나은은 프레젠테이션 전까지 보온병에 담아간 차를 모두 마셨다.

그런데 문제가 생겼다. 프레젠테이션을 시작하기도 전에 화장실을 가지 않고는 견딜 수가 없었던 것이다. 나은은 견뎌보았지만 결국 그 압박감은 참을 수 없는 고통으로 변해버렸다. 나은은 자신이 어떻게 프레젠테이션을 하고 있는지도 몰랐다. 오로지 빨리 화장실에 가야 한다는 생각뿐이었다. 나은은 결국 프레젠테이션이 끝나고 질문시간을 늦춰야 했다. 그런데 이게 웬일인가. 분명히 화장실에 다녀왔음에도 불구하고 질문시간이 시작되자마자 또 신호가 왔다. 나은은 질문시간 내내 고통에 시달려야 했다. 프레젠테이션이 끝난 뒤 부장님이 나은의 어깨를 툭 치며 말했다.

부장님 나은 씨, 많이 아픈가본데? 그래도 프레젠테이션을 성공리에 마친 것 같아서 다행이야. 그런데 어디가 아픈 거야?

회사에서 돌아온 나은은 도대체 이유를 알 수 없었다. 평소 프레젠테이션에서는 커피를 마셨던 나은 씨였다. 이번에는 커피 대신 차를 마신 것밖에 없었다. 왜 그렇게 차를 마신 후 화장실을 많이 가야 했을까? 나

은은 강의가 시작되자마자 차 선생님에게 물었다.

나은 선생님, 제가 이번 프레젠테이션 때 차를 마시고 시작했거든요. 그런데 정서적으로 안정되고 편안한 기분이 든 동시에 소변을 참느라 너무 힘들었어요. 혹시 소변이 차와 관계가 있나요?

선생님 그럼요, 당연히 관계가 있습니다. 먼저 프레젠테이션을 편안한 느낌으로 진행했다면 그것은 차의 성분 중 하나인 카페인의 강심強心작용 때문입니다. 차 속에 들어 있는 적당량의 카페인이 체내 혈액순환을 도와 심장운동을 활발하게 하고, 이것이 결국 심신의 긴장감을 풀어준 것이지요.

나은 아하, 어쩐지 차를 마시니 마음의 긴장이 풀리더군요.

선생님 그리고 나은 씨가 소변 때문에 고생한 것은 당연합니다. 차의 성분에는 해독작용과 이뇨작용을 하는 것들이 있습니다. 녹차의 타닌 성분은 알칼로이드와 결합해 체내흡수를 막고 나쁜 것을 배출하는 작용을 한답니다. 또한 타닌은 수은이나 납, 카드뮴, 크롬, 구리 등 각종 중금속과 결합해 유해성 중금속을 배출시켜 해독작용을 합니다. 이러한 성분이 든 차는 이뇨작용을 촉진시켜 유독성분을 밖으로 배출시키지요. 그래서 차를 마시면 이뇨작용이 일어납니다.

나은 차에 그렇게 강한 이뇨작용을 돕는 성분이 있다니 놀랍군요.

선생님 그걸 모르고 나은 씨는 차를 많이 마셨으니 당연히 고통스러웠겠죠. 차를 처음 마시고 나오는 소변은 노란 연두색을 띠지만 지속적으로 자주 마시면 맑은 색으로 변합니다. 그것은 체내에 있던 노폐물들을 체외로 배출시켰다는 뜻입니다.

나은 그럼 차에는 이뇨작용이나 해독작용 같은 기능밖에 없나요. 그리고 차에 카페인이 많이 들어 있다는데 너무 많은 카페인은 몸에 해로운 것이 아닌가요.

선생님 차에는 다양한 성분들이 있습니다. 커피보다 차에 카페인이 훨씬 많이 들어 있습니다. 하지만 차에 들어 있는 카페인은 커피에 들어 있는 카페인과 그 성분이 많이 다릅니다. 커피에 들어 있는 카페인이 몸속에 축적되는 지용성이라면 차에 들어 있는 카페인은 물과 결합해 체외로 방출되는 수용성입니다. 그리고 카페인의 각성작용도 마찬가지입니다. 커피의 카페인은 마신 직후에 그 효과가 나타나 사라지지만 차는 서서히 그 효과가 나타나 천천히 사라집니다.

나은의 궁금증이 서서히 발동하기 시작했다. 그렇다면 차는 다이어트를 하는 여성들에게 좋은 것일까? 텔레비전 광고에 나오는 어떤 차 제품은 전지현이라는 배우를 동원해 날씬한 몸매를 부각시키고 있다는 생각이 들었다. 그렇다면 다이어트나 여성미용도 차와 관련이 있지 않을까 하는 생각을 했다.

나은 선생님, 차는 다이어트나 여성미용에도 좋은가요? 차를 먹으면 날씬해진다는 광고도 나오던데.

선생님 그럼요. 아름다워지고 싶은 여성들이 있다면 차를 많이 마셔야 합니다. 차를 많이 마시는 여성에게 나타나는 첫 번째 반응은 바로 깨끗한 피부입니다. 항상 젊은 피부를 유지하고 싶은 여성이 있다면 차를 많이 마셔야 합니다. 차에는 피부노화를 방지하는 비타민 A와 비타민 C가 풍부하게 함유되어 있어서 희고 윤기 나는 피부를 유지할 수 있도록 도와줍니다. 비타민 C의 보고인 녹차는 멜라닌 색소의 침착을 방지해 피부를 깨끗하게 만들어주지요.

나은 와, 차를 많이 마시면 피부미용에 따로 돈 쓸 필요가 없겠네요.

선생님 광고에서 보셨듯이 차는 다이어트 효과도 있습니다. 차에 함유되어 있는 카테킨 성분은 지방분해효소를 활성화시킵니다. 그래서 다이어트의 가장 큰 적인 지방분해에 그만인 음료입니다. 운동하기 전에 차를 마시면 지방이 우선적으로 연소됩니다. 그리고 기름진 음식을 먹은 후에도 차를 마시면 다이어트에 큰 효과를 볼 수가 있습니다. 그렇다면 하루 몇 잔의 차를 마시는 게 좋을까요?

<u>나은</u>　하루에 세 잔? 아니면 다섯 잔 정도 아닌가요?

<u>선생님</u>　역학조사 결과 하루에 열 잔 이상 차를 마신 분과 하루에 세 잔 이하로 차를 마신 분들의 수명 차이는 평균 5년 이상이었습니다. 하루에 차를 열 잔 이상 마신 분들은 세 잔 이하로 마신 분들보다 평균 5년 이상을 더 산 것입니다. 여기에서 하루에 열 잔 정도면 우리가 지금 사용하는 머그컵 다섯 잔 정도고 물로 치면 약 1리터 이상입니다. 차를 많이 마시면 수명 연장에 도움이 되겠지요.

<u>나은</u>　또 다른 효과는 없나요?

선생님 많이 있지요. 입 냄새 때문에 후라보노 성분이 있는 껌 제품들이 많이 팔리지요? 차에는 구강청결 효과가 있습니다. 중국 송대에 살았던 소동파 시인은 '식후에 진한 차로 양치질을 하여 입안의 냄새를 없앤다. 그렇게 하면 치아 사이에 끼었던 음식물의 찌꺼기가 제거된다'고 했습니다. 소동파 시인은 진한 차로 양치질을 한 것이지요. 현대의학연구에 의하면 차를 지속적으로 마시면 충치 감소 효과가 60퍼센트 정도 있다고 합니다.

나은 차의 좋은 점은 정말 무궁무진 하네요.

선생님 이뿐만이 아닙니다. 40년간 암을 연구해온 미국의 한 건강재단에서는 차를 매일 여섯 잔 이상 마시면 유방암, 결장암, 췌장암의 발생률이 감소하거나 예방될 수 있다고 발표해서 많은 사람들이 놀란 적도 있습니다. 일본의 한 암 연구센터에서도 차 마시는 사람을 하루에 3잔 이하로 마시는 사람, 4~9잔을 마시는 사람, 10잔 이상 마시는 사람 등의 세 그룹으로 나누어 암 발생 예방 가능성을 조사했습니다. 그 결과 하루에 3잔 이하를 마시는 사람의 평균수명은 남자는 65.8세, 여자는 67.6세였고, 하루 10잔 이상 마시는 사람은 남자는 70.3세, 여자는 74.1세로 나타났습니다. 하루 10잔 이상 녹차를 마실 경우 남자는 평균 4.5년, 여자는 평균 6.5년을 더 살 수 있다는 것입니다. 그런 점에서 차는 현대인들의 건강을 지키고 예방하는 매우 특별한 음료라고 말할 수 있습니다.

나은 선생님, 그럼 차가 만병통치약인가요? 지금 선생님 설명으로는 차를 마시면 건강하게 살 수도 있고 그 어떤 병에도 안 걸릴 수도 있다는 것 같은데…….

선생님 완벽하지는 않지만 그렇다고 봐야지요. 당나라 때 이야기를 하나 할까요? 당나라 선종은 130세나 된 한 스님을 만났습니다. 그런데 그 스님은 130세라는 나이가 믿기지 않을 정도로 건강하고 젊은 모습이었습니다. 당시 평균수명이 50세가 넘지 않았음을 고려한다면 그것은 신문의

해남 대둔사 일지암 유천
한국의 다성 초의 스님이 살았던 일지암에
는 우리나라 최고의 명수로 꼽히는 일지암
유천이 있다.

명수로 알려진 지리산 칠불사 돌샘
차에 있어서 물은 매우 중요한 요소다. 한국
의 명산인 지리산의 물역시 최고의 명수로
손꼽힌다.

1면을 장식할 만한 엄청난 일이었지요. 하도 어이가 없던 선종황제가 '당신은 나이가 130세라는데 도대체 어떤 불로장생약을 먹은 겁니까?'라고 물었습니다. 그러자 그 스님은 '저는 어릴 적부터 가난해 몸에 좋은 약이 무엇인지 모르고 지냈습니다. 다만 저는 지금껏 차를 매우 즐겨 마시고 있습니다'라고 답했습니다. 그 스님의 말에 선종황제는 상으로 차 50근을 내렸습니다. 당나라 선종황제와 130세 스님의 이 이야기는 매우 상징적입니다. 즐겁게 차 생활을 오래하면 건강할 뿐만 아니라 장수할 수도 있다는 것입니다. 그런 점에서 차를 제대로 즐기면 만병통치는 아니더라도 건강하게 살 수 있는 기본적인 토대는 될 수 있다고 봅니다.

차맛 반 물맛 반, 차와 물

흥미진진한 이론시간이 끝났다. 곧이어 차를 직접 우려마실 수 있는 실습시간이 됐다. 나은의 마음은 설레었다. 드디어 녹차를 제대로 마시는 방법을 배울 수 있겠구나 하는 생각이 들었기 때문이다.

호기심으로 가득 찬 나은을 바라보던 차 선생님이 웃으며 손짓을 한다. 그리고 현란한 손동작으로 금방 차를 우려냈다. 그런데 그 동작과 차를 우려내는 도구들은 나은이 봤던 것들과는 너무도 달랐다. 차 선생님이 우려준 차의 색깔은 아름다운 연녹색이었고 코끝 가득 신묘하고 상큼한 차향이 피어올랐다. 그 맛 또한 부드러울 뿐만 아니라 매우 달콤했다. 지금까지 마셨던 차들과는 너무도 달랐다. 다시 나은의 호기심어린 질문이 이어졌다.

나은   선생님, 차를 맛있게 우리는 방법이 따로 있나요? 지금 마셔본 차는 제가 먹었던 것과는 다른데 이건 차 때문인가요, 아니면 차를 우려내는 방법이 달라서 그런가요?

선생님 물론 차를 맛있게 우려내는 방법은 따로 있습니다. 자신이 먹고 싶은 차를 선택하고, 그 다음에는 찻물을 선택하고, 그 찻물을 제대로 끓이고, 그 차가 제대로 우러나오도록 정해진 방법을 따라야 합니다. 일정한 과정을 거쳐야 맛있는 차를 제대로 즐길 수 있는 것이지요.

자신이 마실 차를 선택한 다음 고려해야 할 것은 찻물이다. 그래서 차인들은 차맛의 절반은 물맛이라는 말을 하고, 초의 스님 역시 《동다송》에서 '차는 물의 마음이요 정신이다. 그리고 물은 차의 몸이니 참된 물이 아니면 차신을 나타낼 수 없고 참된 차가 아니면 수체를 나타낼 수가 없다'고 말하고 있다. 차와 물은 상호보완관계를 떠나 동전의 양면처럼 완벽하게 조화를 이룰 때 차맛도 물맛도 제대로 즐길 수가 있기 때문이다.

물은 무색·무미·무취하다. 초의 스님은 인간의 삶 속에서 불가분의 위치에 있는 물에 8가지의 덕德이 있다고 했다. 물에는 가벼운 덕, 맑은 덕, 시원한 덕, 부드러운 덕, 아름다운 덕, 냄새가 나지 않는 덕, 입맛에 적절하게 맞는 덕, 먹어서 탈이 없는 덕이 담겨 있어 소중하다고 말했다.

중국의 다성으로 불리는 육우는 그의 명저《다경》에서 차와 함께할 물의 등급을 다음과 같이 분류했다. '산속에서 나는 물은 상품이요, 강물에서 나는 물은 중품이요, 우물에서 나는 물은 하품이다.' 깊은 산중에서도 물은 등급이 있다. 산중에서 명산이어야 하고 그 명산 속에서도 돌샘에서 나오는 물이 최고품질을 지닌 찻물이다. 옛 사람들은 돌을 산의 뼈로 봤고, 물은 산의 골수라고 생각했다. 그래서 산의 뼈인 돌샘에서 나오는 물을 최고의 찻물로 친 것이다. 돌샘은 과학적으로 산의 정기가 모여있는 곳으로 담백하고 찬 기운이 있다. 그 때문에 오랫동안 놔두어도 그 기운이 변하지 않는다. 우리나라에도 손에 꼽을 만한 차샘이 있다. 강릉 한송정, 오대산 서대 우통수, 충주 달천수, 우중수, 속리산 삼타수, 경주 기림사의 오종수 등이다. 그러나 문명의 발달로 차를 마실 수 있는 명천을 가까이 할 수 없다. 그럼에도 불구하고 우리는 우리 시대에 맞는 찻물을 생활에서 찾아 써야 한다. 일상생활에서 가장 쉽게 구할 수 있는 최고의 찻물은 가까운 산에 있는 약수터의 물이다. 약수터의 물을 쓸 때는 반드시 국가기관에서 매달 검증을 한 곳에서 물을 떠다 사용해야 한다. 약수터 물의 생명은 길면 일주일 짧으면 2~3일 정도다. 가능하면 2일 간격으로 물을 길어 쓰는 것이 가장 좋다. 두 번째는 시중에서 판매하는 생수다. 그러나 그 생수 역시 믿을 수가 없다. 생수의 생명은 길어야 3일 정도다. 그러나 시중에 유통되는 생수들은 대부분 3일이 지난 것들이다. 그러한 생수들은 물의 생명이라 할 수 있는 본래의 성품이 결여돼 제대로된 찻물로 사용할 수가 없다. 다음은 회사나 집에서 쓰이는 정수기물이다. 정수기물은 물의 다양한 성분을 강제로 흡수하기 때문에 좋은 찻물

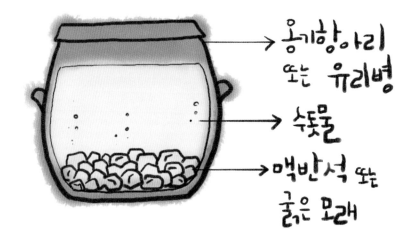

로 쓸 수가 없다. 그래서 바로 찻물로 이용하기보다는 4~5시간 정도 냉장고에서 보관한 뒤 사용하면 더욱 부드럽고 순한 맛을 느낄 수가 있다. 마지막으로 수돗물이 있다. 수돗물을 찻물로 쓰기 위해서는 우선 몇 가지 도구가 필요하다. 옹기항아리나 유리병 등의 용기를 구하고 그 속에 삼투압작용을 할 수 있는 맥반석이나 굵은 모래를 집어넣어 하루쯤 가라앉힌 뒤 사용하면 된다. 여름에는 삼베보자기를 덮어두고 겨울에는 본래의 뚜껑을 덮어서 사용하면 더욱 좋다. 그리고 홍차와 발효차 같은 계열의 차는 수돗물을 냉장고에서 하루 동안 숙성 시킨 후 찻물로 이용하면 좋다.

차 맛있게 우려내기

선생님 여러분, 차의 본래의 맛을 살리기 위해서는 물이 제일 중요하다는 것을 알겠지요? 차와 물은 불가분의 관계라 어느 둘 중 하나라도 제대로 갖춰지지 않으면 본래의 맛과 향을 즐길 수 없습니다. 그래서 좋은 차를 구하고 좋은 물을 구하는 것이 좋은 차를 마시기 위한 첫걸음이라는 것을 알아야 합니다. 좋은 물을 각 차에 맞게 끓여내는 것 역시 중요합니다.

찻물을 끓이는 방법 역시 각 차의 특성을 최대한 고려해서 끓여야 한다. 그러기 위해서는 각 차에 맞는 적절한 물의 온도를 아는 것이 매우 중요하다. 먼저 우리가 가장 일반적으로 애음하고 있는 녹차계열을 살펴보자.

우리 전통방식으로 제다해낸 덖음 녹차는 끓인 물을 잠시 식힌 후 우려내면 된다. 그러나 앞서 살펴봤듯이 우전, 세작, 중작 등에 따라 찻물의 온도를 달리해야 한다. 우전 같은 어린잎으로 만든 녹차는 대략 60℃ 정도로 온도를 낮추어야 한다. 왜냐하면 너무 어린잎을 사용하기 때문에 고온의 물로 우렸을 때 찻잎이 익어버리면 본래의 차맛을 즐길 수가 없기 때문이다. 반면에 세작과 중작은 통상적으로 80℃ 내외의 온수를 이용하는 것이 적당하다. 만약 고온의 물을 사용했을 경우에는 저온의 찻물로 우려내는 시간보다 우려내는 시간을 짧게 하면 좋다. 다음은 일본 녹차인 증제차인데, 물의 온도는 70℃ 정도로 낮게 해야 떫은맛이 덜하고 감칠맛이 우러난다.

다음은 반발효차와 발효차의 찻물의 온도다. 발효차와 반발효차는 가능한 뜨거운 물로 우려야 차의 특유한 맛과 향이 살아난다. 발효차와 반발효차는 녹차와 달라 오랫동안 숙성시키거나 발효시키기 때문에 고온의 찻물로 끓여내야 그 깊은 맛까지 우려낼 수 있기 때문이다. 각각의 차에 필요한 찻물의 온도는 오랫동안 차 생활을 하면서 저절로 몸에 익는다. 어느 정도 차를 마시면 자신의 입맛과 취향에 따라 저절로 찻물의 온도를 조절하는 지혜를 얻게 된다.

선생님 여러분, 차를 우려내는 시간이 매우 궁금하지요? 가장 일반적인 기준은 먼저 다관에 담긴 차의 양, 그리고 녹차인지 반발효차인지 발효차인지에 따라 달라집니다. 요즘 들어 첫 번째 찻물은 퇴수기에 버리는 경우가 많이 있습니다. 그것은 찻잎에 혹시나 묻어있을지도 모르는 이물질과 먼지를 제거하고 찻물이 전체 찻잎에 스며들어 차가 더 잘 우러날 수 있도록 하기 위해서입니다.

나은 차의 양은 어느 정도 넣어야 하나요?

선생님 좋은 질문입니다. 차 입문자들이 가장 궁금해 하는 질문이기도 한데요. 통상적으로 1인당 약 2그램 정도가 적당합니다. 그러나 그 양이 규정된 것은 아닙니다. 마시는 사람의 취향에 따라 진한 차를 마실 때는 4그램까지도 넣습니다. 그리고 차 생활을 조금 하다보면 저절로 손에 적당한 양을 조절할 수 있는 안목이 생깁니다.

나은 차 마시기는 역시 손이 저울이 될 정도의 수련이 필요한 듯합니다.

선생님 하하, 그렇죠. 먼저 녹차의 경우를 봅시다. 녹차는 첫 번째 우릴 때 약 1분 40초~2분 정도, 두 번째 우릴 때는 30초 정도 우려낸 후 찻잔에 따라야 합니다. 첫 번째 시간이 긴 것은 찻물에 담긴 녹차가 풀려서 제대로 우러나오는 시간이 길어지기 때문이고, 두 번째 시간이 짧은 것은 이미 충분히 풀려 있는 찻잎을 너무 오랜 시간 동안 담가두면 타닌성분이 과다하게 배출돼 차맛이 쓰고 떫어지기 때문입니다.

나은 발효차 종류들은 어떻습니까?

선생님 반발효차와 발효차는 뜨거운 물로 약 1분 정도 우려내야 합니다. 발효시킨 차들은 차맛이 깊게 배어 있어 녹차와는 다르게 세 번 이상도 지속적으로 마실 수 있지요. 발효차를 우려낼 때 가능한 빨리 첫 번째 찻물을 버리는 게 좋습니다. 왜냐하면 발효되는 과정에서 이물질이 묻기 때문입니다.

나은 차의 종류마다 우려내는 방법이 모두 다르네요.

선생님 네, 한 가지 더 알아야 할 것이 이른바 차를 내는 방법인 투다법입니다. 투다投茶란 차와 물을 다관에 넣는 행위를 말합니다. 투다법은 상투上投, 중투中投, 하투下投로 나뉩니다. 차를 우려내는 데 있어서 상투법은 물을 먼저 넣고 차를 그 위에 넣는 것으로 더운 여름에 좀 더 시원하게 차를 마시기 위해 사용하는 다법입니다. 중투법은 물을 반쯤 넣고 차를 넣은 뒤 다시 물을 넣는 방법으로 봄과 가을에 적당합니다. 마지막 하투법은 우리가 지금 일상적으로 하는 다법 중 하나로 차를 먼저 넣고 그 다음에 물을 붓는 것으로 추운 겨울에 차를 따뜻하게 마시기 위해 많이 사용합니다. 그러나 최근 들어서는 계절적인 요인과 상관없이 하투법을 쓰고 있습니다.

녹차 맛있게 우려내는 법

1 찻자리를 정갈하게 한다. 차는 깨끗하게 마셔야 하기 때문에 차를 마실 때는 항상 찻자리를 정갈하게 청소하는 것이 무엇보다 중요하다.

2 다관과 물을 참석자의 숫자만큼 준비한다.

3 다도구들을 덮고 있는 다포를 걷는다.

4 물을 끓인다.

5 끓는 물을 숙우에 부은 후 다관과 찻잔에 고루 붓는다. 이른바 찻잔을 뜨겁게 (예열)하는 것이다. 이것은 찻물을 우려냈을 때 적당한 온도가 되어야 차의 제맛을 느낄 수 있기 때문에 다관을 비롯한 다도구들을 반드시 예열해야 한다.

6 예열한 다관(찻주전자)에 준비한 차를 참석자 수만큼 넣는다. 이때 차의 양은 통상적으로 2g을 기준으로 한다. 그러나 자신이 먹고 있는 차의 상태와 맛에 따라 적당히 조절하는 지혜가 필요하다. 차 생활을 지속적으로 하다보면 자연스럽게 차의 양을 조절하는 능력이 저절로 생긴다.

7 다관에 끓인 물을 붓는다. 이때 두가지 방법이 있다. 바로 뜨거운 물을 다관에 붓는 것과 물 식힘 그릇(숙우)에 부어 온도를 떨어뜨려 다관에 붓는 방법이 있다. 먼저 각자 다른 견해가 있다는 것을 밝혀둔다. 여기서는 가장 일반적인 방법을 소개한다. 첫물차인 우전은 그 잎이 약하고 여린 탓에 낮은 온도에 물을 붓는다. 그 온도는 약 60℃ 내외다. 두물차인 세작은 80℃ 내외를 가장 많이 권장한다. 그리고 고온에서 덖은 덖음차는 90℃ 이상의 끓는 물을 붓는다.

8 첫 번째 차 우림은 약간 길게 한다. 대략 1분에서 1분 30초 정도가 적당하다. 찻잎이 풀려서 제맛이 우러나오기 위해서 약간 길게 시간을 두는 것이 필요하다. 녹차 뿐만 아니라 대부분의 차를 우릴 때도 첫 차 우림은 대부분 길게 시간을 두는 것이 일반적이다.

9 두 번째 차 우림은 약 30초 정도로 짧게 한다. 그것은 첫 번째 차를 우려낸 후 충분히 찻잎이 차를 적당히 뿜어낼 수 있는 준비가 되어 있기 때문이다. 만약 너무 길게 시간을 두고 차를 우려내면 떫거나 쓰게 되어 차맛을 버리게 된다.

10 세 번째 차 우림은 1분 30초에서 2분 정도까지 첫 번째 차 우림처럼 약간 길게 한다. 그것은 충분히 차를 우려내기 위해서다. 보통 녹차는 세 번 우려내는데 그 이상 우려내도 맛을 제대로 내는 녹차도 있다. 그래서 각 녹차의 특성에 맞게 세 번 이상 차를 우려내도 된다.

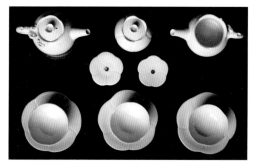

차를 우려먹는 데도 계절적인 요인들을 감안해야 한다. 봄 여름 가을 겨울 각기 다른 투다법을 사용해 녹차를 마실 때 필요한 도구들

3
———
다관과 도구들

차와 다관

　나은은 순간 세상의 차맛과 차를 모두 알아가고 있다는 생각이 들었다. 스스로 대견하다고 생각하는 나은에게 차 선생님이 갑자기 '차를 좀 마셔보겠느냐'는 제안을 했다. 그 제안을 마다할 나은이 아니었다. 냉큼 자리를 잡고 앉은 나은은 선생님이 차를 우리는 것을 지켜보았다. 그런데 자신이 평소에 찻주전자와 찻잔 하나를 덜렁 놓고 마시던 것과 다르게 선생님은 훨씬 다양한 다기를 쓴다는 것을 알아차렸다.

나은　선생님, 제가 차를 마시기 위해 차 도구를 마련해 보려고 했는데 가격이 너무 천차만별이었어요. 차를 마실 때 그냥 대충 마실 수는 없는 건가요? 차 도구들이 꼭 필요한 건가요?
선생님　차를 우려낼 때는 꼭 그 차에 맞는 다구들이 필요합니다. 물론 일

차를 우려내는 차 도구 중 하나인 자사호. 중국을 대표하는 차 도구 중 하나다.

반 사무실에서 그렇게까지 할 필요는 없습니다만 가능하다면 다구들을 충분히 구비해서 차를 마시면 그 즐거움이 배가됩니다.

차에 따라 다관이 달라야 하는 이유는 간단하다. 무엇보다 다관에 여러 종류의 차를 우리다보면 각 차의 향과 맛을 제대로 느낄 수 없기 때문이다. 아주 미세한 차이지만 먼저 우려냈던 차의 향과 맛은 다관에 배어 있다. 그리고 차의 종류에 따라 다관을 사용하는 이유는 그 차 우림에 맞는 최적의 다관이 따로 있기 때문이다.

녹차의 경우 계절과 시기에 따라 매우 다양한 다구들이 사용된다. 백자, 청자, 분청, 흑유 등 다양한 다구들이 이용된다. 여름에는 백자나 청자를, 겨울에는 분청이나 흑유를 사용해 찻자리에 변화를 준다. 중국의 반발효차와 발효차는 자사호[1]라는 다관을 주로 사용한다. 자사호를 보면 우리의 다관들보다 작은 것을 사용해 진한 맛과 향을 지닌 차들의 맛을

차를 마실 때 필요한 도구들
차를 마실 때 그 차에 맞는 도구들을 사용해야 제맛
을 즐길 수 있다.

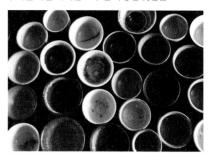

우려낸 차를 마시는 도구인 다양한 찻잔들

말차를 우려내 마시는 다완

차를 우려내는 찻주전자(다관)

찻물을 끓이는 도구인 탕관과 돌화로

최대화시킨다. 중국에서는 또 섬세한 향을 지닌 차의 맛을 즐기기 위해
길쭉한 문향배[2]라는 찻잔에 차를 마시기도 한다. 말차는 다완이라고 불
리는 차사발에 따라 마신다.

<u>선생님</u> 차를 우릴 때 가장 중요한 요소는 차의 양과 물의 양, 물의 온도,
우리는 시간 등 네 가지로 나눌 수 있습니다. 우리가 여기서 알아야할 것
은 중국인의 입맛과 한국인의 입맛이 다르다는 것입니다. 차의 나라라고
할 수 있는 중국에는 수천 가지의 차가 있습니다. 그리고 각 차마다 다관
이나 차를 우리는 방법도 다릅니다. 그렇지만 기본 차 우림법은 따로 있
습니다.

❦ 중국차 기본 우림법

1 각 차에 맞는 전용 찻주전자를 사용해야 한다. 특히 자사호는 찻물이 차호
   속에 스며들어 차맛에 직접적인 영향을 준다. 다호 하나에 여러 가지 차를
   사용하다 보면 본래의 차맛을 잃어버리기 때문이다.

2 처음 우려낸 찻물은 재빨리 버린다. 첫 찻물은 찻물이 제대로 배어나오지 않
   은 경우가 많다. 찻잎에 물이 스며들지 않았기 때문이다. 그래서 첫 찻물은
   재빨리 버리는 것이 본래의 차맛을 즐기는 데 좋다.

3 찻잎이 공기와 접촉하면서 찻잎이 급속히 시드는 것을 막기 위해 찻물을 다
   쏟은 후 다관의 뚜껑을 반쯤 열어 놓는다.

4 다관 속에 남아 있는 찻물을 없앤다. 찻물이 남으면 다음 잔을 우려낼 시간
   동안 다관 속에서 차가 우려져 쓰고 떫은맛이 날 수 있기 때문이다.

<u>나은</u> 선생님, 그러면 지금 우리가 차를 우리는 방법은 우리나라 차에도

적용되는 것이 아닌가요? 차의 종류가 달라도 차의 성분이 같기 때문에 대부분 우리 차에도 적용될 것 같은데……

<u>선생님</u> 맞습니다. 우리 차에도 똑같이 적용되는 문제들입니다. 우리 차도 녹차와 발효차 그리고 화차 등을 사용할 때 각 차마다 사용하는 다관을 다르게 하는 것이 좋습니다. 나은 씨가 좋은 지적을 했네요. 그래서 차인들 대부분은 차에 따라 다관을 다르게 사용하기를 권장합니다. 다관과 차를 우리는 방법은 오룡차, 백차, 흑차, 홍차, 화차 등 그 종류에 따라 모두 다릅니다. 앞서 말씀드렸듯이 가능하다면 각 차에 맞는 다관과 차 우림 기준을 따르는 것이 가장 좋습니다.

❤ 다관과 차를 우리는 방법

- 오룡차와 다관 그리고 차 우리기

  오룡차에 가장 잘 어울리는 다관은 자사호다. 물론 은다관, 유리, 금속 등도 나쁘지 않다.

  가. 오룡차는 다관에 뜨거운 물을 부어 2~3분 후 비워낸다.

  나. 찻잎의 양은 5g 정도가 적당하며 1500cc로 첫 번째는 30초, 두 번째는 20초, 세 번째는 30초 동안 우리고 이후부터는 10초씩 늘려나간다.

  다. 물의 온도는 포종차는 85℃, 고급오룡차는 90℃, 철관음과 무이암차는 95℃가 적당하다.

- 백차와 다관 그리고 차 우리기

  백차는 작은 백자호와 작은 자기잔이 가장 잘 어울린다. 찻잎의 양은 3g에 100cc물로 첫 번째는 30초, 두 번째는 20초, 세 번째는 30초 동안 우린다. 그 이후부터 10초씩 늘려나가면 된다. 물의 온도는 90℃가 가장 좋다.

- 흑차와 다관 그리고 차 우리기

  흑차를 우릴 때는 자사호가 가장 좋다. 물의 온도는 95℃가 가장 적당하며 찻잎의 양은 3g에 100cc물로 첫 번째는 30초, 두 번째는 20초, 세 번째는 다시 30초 동안 우리고 이후부터 10초씩 늘려나간다.

- **홍차와 다관 그리고 차 우리기**
  홍차의 색과 어울리는 하얀색 다호가 가장 좋다. 미리 데워 놓은 티 포트에
  넣는 찻잎의 양은 2g에 400cc의 물로 첫 번째와 두 번째는 3분간씩 우리고
  세 번째부터는 30초씩 늘린다. 물의 온도는 95℃가 적당하며 티 포트가 식지
  않도록 보온을 하면 좋다.

- **화차와 다관 그리고 차 우리기**
  화차는 꽃을 즐기기 위해 투명도가 좋은 유리질을 다호로 사용하는 것이 좋
  다. 화차를 우리는 물의 온도는 85℃가 적당하며, 찻잎이 양은 3g에 150cc물
  로 첫 번째는 30초, 두 번째는 20초, 세 번째는 30초 동안 우리고 이후부터
  10초씩 늘려나가는 것이 좋다.

한국차의 바이블《동다송》과 초의 스님

맛있는 차를 얻어먹고 좋은 가르침까지 받은 나은은 뿌듯해 하며 집
으로 발길을 옮겼다. 집으로 돌아가며 나은은 도도한 자세로 자신의 옆
구리를 찌르던 영숙을 생각했다. 그러자 조바심이 났다. 그리고 영숙에
게 전화를 걸었다.

나은　영숙아, 이번 금요일에 인사동에서 차 한잔 하자. 시간되니?
영숙　그래, 인사동에서 차 한잔 좋지. 그럼 금요일에 봐.

영숙을 만나기 전까지 나은은 열심히 차 선생님에게 배운 것들을 복
습했다. 그리고 이른바 제대로 된 우리 녹차를 우려내는 연습도 열심히
했다. 공부를 하면서 나은은 영숙에게 자랑할 자신의 모습을 상상하며

즐거워했다. 드디어 금요일 저녁을 맛있게 먹은 두 사람은 인사동에 있는 한 전통찻집을 찾았다. 그곳에서 나은은 자신 있게 우전차를 주문했다. 그리고 최대한 맛있게 우전차를 우려냈다. 그런 나은의 모습을 영숙은 가만히 지켜보고만 있었다.

나은   영숙아, 차 맛있지? 이렇게 차를 마시니 얼마나 좋은지 몰라. 영숙아, 이번 참에 우리 술보다는 차를 마시는 모임을 구성해서 공부도 하고 차도 나눠 마셔 보는 건 어때?

나은의 말을 가만히 듣고 있던 영숙이 갑자기 깔깔대며 웃기 시작했다. 그러고는 눈을 지그시 감고 특유의 도도함을 한층 돋워 시 한 구절을 내뱉는 것이었다.

홀로 마시는 차는 신령神靈스럽고
둘이 마시는 차는 빼어난 것이고
서넛이 함께 차를 마시는 것은 멋이라 하고
대여섯이 나눠 마시는 차는 덤덤할 뿐이요
일고여덟이 함께 마시는 차는 그저 나누어
마시는 것이다.

~ 홀로 마시는 차는
신령스럽다 ~ ♪

시를 읊는 영숙을 보며 나은은 순간 당황했다. 분명 무언가 있는 시임에 틀림이 없기 때문이었다. 그런 나은의 생각을 읽기라도 하듯 암송을 끝낸 후 도도한 자세로 차를 마시며 영숙이 질문을 했다.

영숙 나은아, 지금 내가 암송한 시 구절이 뭔지 아니?

　나은은 멀뚱하게 영숙을 쳐다보고만 있었다.

영숙 나은이 너 차 공부한 거 맞아? 우리 차의 고전인 《동다송》도 모르니? 우리 차 공부를 하려면 맨 처음 만나는 분이 바로 한국의 다성이라 불리는 초의 스님이고, 그 초의 스님께서 우리 차의 우수성을 시로 노래하신 저서가 바로 《동다송》이잖아. 차를 공부하는 사람들이라면 모두 《동다송》을 공부하는 것이 기본이야.
나은 아니, 《동다송》 나도 알긴 알지…….

　영숙은 놀라서 대충 얼버무렸다.

영숙 내가 우리 한국차가 좋다고 한 이유가 바로 초의 선사께서 쓰신 《동다송》에 잘 나와 있다고. 우리 차를 알려면 당연히 《동다송》을 공부해야지. 그 속에 차 뿐만 아니라 차에 대한 가장 기본적인 지식들이 많이 들어 있어.

　한국차에 대한 공부를 자랑하러 갔던 나은은 또 한 번 영숙에게 보기 좋게 핀잔만 들었다. 그래서 돌아오는 길에 서점에 들렀다. 그리고 《동다송》에 대한 책을 여러 권 구입했다. 뭘 모르니 일단 관련된 것들은 자료 수집 차원에서 구입한 것이다. 영숙에 대한 오기가 발동한 나은은 집에 돌아오자마자 《동다송》을 읽기 시작했다.
　영숙의 말대로 《동다송》은 우리 차를 대표할 만한 고전이었다. 한국의 다성 초의 선사가 1837년 집필한 《동다송》은 중국차보다 우리나라 차가 우수하다는 것을 노래하고 있다. 그런 점에서 《동다송》은 이른바

한국차의 우수성을 노래한 《동다송》. 한국 차인들의 바이블이기도 하다.

한국의 다성 초의 스님은 한국차의 중흥조로 불린다. 한국차의 고전인 《다신전》과 《동다송》을 편찬했을 뿐만 아니라 다산 정약용, 추사 김정희 등과 함께 차 문화 부흥을 이끌었다.

우리 차의 원조라고 볼 수 있었다. 초의 선사가 《동다송》을 집필하게 된 이유는 간단했다. 평소 오랫동안 차에 대해 교류해왔던 왕의 부마駙馬였던 홍현주가 한국차에 대한 궁금증을 물어온 것에 대한 답을 한 것이 바로 《동다송》인 것이었다.

《동다송》에 담긴 31가지 노래 중에 우리 것에 관한 것은 모두 5송(19·21·23·25·26송)에 불과했다. 나머지 26개 송은 모두 중국차에 관한 옛일을 적고 있었다. 《동다송》은 나은의 마음을 사로잡았다. 그리고 가장 마음에 드는 송들을 몇 개 추려 컴퓨터에 옮겼다. 그중에서 가장 나은의 마음을 사로잡은 것은 바로 다음 대목이었다.

"우리나라에서 나는 차는 근본이 서로 같아서 색, 향기, 기운과 맛에 들인

안휘의 육안에서 생산되는 모든
차에 대한 이름이다. 주로 육안, 곽
산, 금채 등에서 생산되었다. 명나
라 때 명차 중 하나로 이름을 떨쳤
으며 육안은침, 육안모첨, 백모공
첨, 육안작설, 매화편, 난화두, 육안
송라, 예첨, 동산첨, 서산첨, 우전
첨, 우후첨, 연지, 백련, 녹련, 흑연
등의 이름으로 불렸다.

2 몽산차(蒙山茶) 중국 몽산에서
나는 차가 몽산차다. 몽정차로 불
리기도 하는 몽산차는 중국 몽산
상청봉에 있는 일곱 그루의 고차
수에서 딴 찻잎으로 만든 차를 제
일로 친다. 몽산차의 명품은 작
설, 몽치아, 뇌명차, 몽정로아, 만
춘은엽, 옥엽장춘, 곡아, 몽정석
화, 몽정황아, 백아, 몽정감로 등
이다.

공력이 한결같다. 중국의 육안차[1]는 맛이요 중국의 몽산차[2]는 약효가 뛰어
나다. 우리나라 차는 옛 사람들이 육안차의 맛과 몽산차의 약효를 모두 겸
비했다고 평가했다."

나은은 《동다송》의 시작과 끝이 여기에 있다고 생각했다. 당시 차에
관한한 최고의 선진국이었던 중국 최고의 명차들이 갖고 있는 성분을 우
리나라 차는 모두 갖고 있다고 단언한 것이다. 나은은 차 교육을 받을 때
건강과 효능에 대해 충분히 교육을 받은 터라 초의 스님의 말씀이 쉽게
가슴에 와 닿았다. 다음으로 나은의 마음을 사로잡은 것은 바로 일지암
에 있다는 유천(乳泉)[3]을 상징하는 말이었다. 나은이 가만히 들여다보니 초
의 선사와 친했던 추사 김정희의 아버지가 일지암을 다녀가면서 '유천의
물맛이 일품이다'는 것을 입증했다는 사실도 함께 알았다.

"나에게는 유천이 있어서 수벽탕, 백수탕이 이루어진다. 이것을 어떻게 가
져가서 모멱산(지금의 남산) 앞 해옹(동다송을 부탁한 홍현주[4])에게 바칠까?"

나은은 차에 있어서 물의 중요성을 강조한 이유를 알 수가 있었다. 나
은은 과연 물이 중요한 것인가를 직접 실험을 해봤다. 수돗물을 끓여서
먹어봤고, 국가에서 수질을 인정했다는 근처 약수터에서 물을 떠서도 끓
여 먹어 봤다. 그리고 마트에서 파는 흔한 생수도 써봤다. 그랬더니 확연
히 알 수 있었다. 싱싱하게 살아있는 물로 끓인 차와 수돗물로 끓인 차의
맛은 너무도 다른 것이 아닌가. 나은은 초의 선사처럼 하지는 못했지만
물맛과 차맛의 관계는 불가분의 관계라는 것을 확실히 알 수 있었다.

또한 나은의 마음을 사로잡은 것은 차나무와 찻잎의 채취에 대해서
이야기한 부분이었다. 나은은 초의 선사의 동다송을 통해 가장 맛있는

찻잎을 생산해내기 가장 좋은 땅이 어디에 있는가를 알 수 있었다. 그리고 어느 시기에 딴 차가 가장 좋은 맛을 내는지도 알았다. 이전 수업시간에는 그냥 지나쳤던 이야기가 이제는 현실로 다가온 것이다.

"《다경》에 이르기를 차는 난석 사이에서 자란 것이 으뜸이요, 자갈 섞인 흙에서 자란 것이 다음이라고 하였다. 또 골짜기에서 자란 차가 상품이라 했는데 화개동의 차밭은 모두 난석 골짜기다. 《다서》에서 말하기를 차는 자줏빛이 으뜸이요 주름진 것이 다음이요 초록빛이 그 다음이며 죽순 같은 것은 상품이요 새싹 같은 것은 다음이다. 그 모습이 마치 오랑캐 신발같이 우글쭈글하다는 것이고 들소의 가슴 같이 모가 나고 가지런하여 바람에 물결 스치는 것과 같다는 것을 말함이니 이것은 모두 차의 정수다."

"차잎의 채취시기가 중요한데 우리나라는 곡우 전후면 너무 이르고, 입하(立夏, 통상 5월 5일) 전후가 적당하다."

차에 맞는 다구 고르기

《동다송》을 읽으며 한국차의 매력에 흠뻑 빠진 나은은 본격적으로 차 생활을 해보기로 결심했다. 그리고 어느 날 퇴근 무렵 다기를 사기 위해 인사동으로 달려갔다. 그러나 나은은 다완을 사러 갔을 때보다 더 깊은 당혹감에 빠졌다. 백자, 청자, 분청 등 다양한 다기가 있었기 때문이다. 만 원대부터 백만 원대까지, 가격도 천차만별이었다. 그래도 나은의 눈에는 다 비슷해 보였다. 녹차를 마시고 싶었던 나은은 녹차에 가장 잘 어울리는 백자 다구를 선택해 가격을 물었다.

3 유천(乳泉) 전남 대흥사 일지암에 있는 샘물. 명나라 전예형은 《자천소품》(煮泉小品)의 젖샘(乳泉)편에서 "젖샘이란 종유석의 샘이며, 산골(山骨)의 고수(膏髓)다. 그 샘물의 빛깔은 희고, 비중은 무겁다. 매우 달고도 향기로워서 마치 감로와 같다"고 했다. 일지암에 머물던 초의 스님은 찻물로는 가장 좋다고 했으며, 추사 김정희의 아버지 유당 김노경은 일지암에서 하룻밤을 묵어간 후 그 샘물맛을 칭송했다고 한다.

4 홍현주(洪顯周, 1793~1865) 조선말 초의 스님. 추사 김정희, 다산 정약용 등과 함께 대표적인 사대부가의 차인이다. 우부승지를 지낸 홍인모가 아버지이며, 조선조 규방의 손꼽히는 차인이자 시인인 서씨가 어머니다. 모두가 차를 즐겼던 대표적인 당대 세력가 집안이었던 홍현주는 정조의 딸인 숙선옹주를 통해 왕의 부마가 됐다. 서울 남산 아래 살고 있던 홍현주는 진도부사 변지화를 통해 초의 스님에게 차에 관한 글을 부탁했고, 초의 스님은 그 답으로 《동다송》을 썼다. 홍현주는 《해옹시문집》, 《해거재시초》, 《해거수돈》, 《홍현주시문고》 등을 남겼다.

종업원 30만 원입니다.

나은 아니 왜 이렇게 비싼 거죠?

종업원 아, 이분 모르세요? 다구의 명인이십니다. 저랑 친해서 특별히 싸게 갖다 놓고 파는 겁니다. 제대로 된 걸 사려면 백만 원은 줘야죠. 참, 그리고 그게 비싸면 장작 가마에서 나온 작품 말고 가스 가마 작품으로 하세요. 그게 조금 싸거든요.

나은은 도대체 무슨 말인지 하나도 알아들을 수 없었다. 그래서 녹차용 다구를 사는 것을 포기할 수밖에 없었다. 다기에 대한 정보를 수집한 다음에 구입해야 한다는 것을 생각했기 때문이다. 내심 다음 수업시간을 기다렸다. 그런데 마침 그 다음 수업시간이 바로 다기에 대한 수업이었다. 나은은 속으로 쾌재를 불렀다. 내가 차 공부를 제대로 할 수 있게끔 커리큘럼이 돌아가고 있구나 하는 생각이 절로 들었다.

선생님 여러분, 차 생활을 하기 위해 가장 필요한 것이 바로 다구입니다. 다구를 분류하면 우선 차를 마실 수 있는 다관, 찻잔, 물 식힘 그릇, 퇴수기와 같은 기본적인 것을 비롯해 다관, 찻상 등 여러 가지 것들이 필요합니다. 한 가지 주의할 점은 모든 걸 한꺼번에 준비할 수 없다는 거죠. 가장 기본적인 것부터 차근차근 준비해야 경제적인 부담이 덜합니다. 따라서 일상적인 차 생활을 즐기면서 여유를 갖고 차에 필요한 도구들을 사모으는 지혜가 필요합니다.

차 생활을 위해 가장 필요한 것이 바로 도자기로 만들어진 다기들이다. 찻주전자, 찻잔, 물 식힘 그릇, 퇴수기가 가장 기본이다. 물론 도자기 외에도 은이나 구리, 돌 등으로 만들어진 것들도 있으나 가장 보편적으로 사용하는 것이 바로 도자기류의 다구들이다. 먼저 찻주전자는 다관,

차를 마시기 위해서는 다도구를 갖춰야 한다. 가장 기본적인 다도구들은 다관, 물 식힘 그릇, 찻잔 등을 구비하는 일이다. 다도구는 과학과 실용성이 잘 결합된 형태가 가장 좋다.

다병, 다호 등으로 나뉜다. 찻주전자는 차를 우려낼 수 있는 도구라 가장 필요한 것 중 하나다. 통상 3~5인용으로 구비하면 혼자 마시거나 손님을 접대할 때 다양한 용도로 사용할 수 있다. 녹차를 자주 먹는다면 백자로 선택하는 것이 가장 무난하다. 옛 차인들은 대부분 위에서 잡는 손잡이로 되어 있는 주전자형을 사용했다. 최근 들어 주전자형 다관은 거의 쓰지 않는다. 그 대신 많이 사용하는 것이 바로 옆에서 잡는 자루형 손잡이가 달린 다병과 뒤에서 잡는 고리형 형태의 다호 찻주전자다. 찻주전자는 형태미보다는 기능미를 중심으로 선택해야 한다. 다관을 고를 때 가장 기본적인 기능이 바로 '3수水 3평'의 조건이다. 3수란, 출수出水·절수折水·금수禁水를 말한다. 출수란 물대에서 나가는 물줄기가 힘차면서도 자신이 예측하는 지점에 정확히 떨어지는 것을 말한다. 절수는 물 끊음질이 깨끗해서 물이 몸통으로 흘러내리지 않는 것이고, 금수는 뚜껑에 있는 바람구멍을 막을 경우 물이 한 방울도 새어나오지 않을 만큼 뚜껑이 정확하게 꼭 맞는 것을 뜻한다. 3평이란 물대의 끝과 몸통의 전(찻잎을 넣는 입구) 그리고 손잡이의 끝이 같은 높이가 되어 수평을 이루는 것을 말한다.

선생님 옆 손잡이나 뒷손잡이의 다관은 3평의 원칙을 지켜 제작되어야 합니다.

나은 3수 3평의 원칙을 지키지 않으면 차 마시기에 큰 지장이 있나요?

선생님 3수 3평의 원칙을 지키지 않은 다관은 물대 끝이 몸통의 전 높이보다 높으면 다관을 많이 기울여야 물이 나옵니다. 이때 전을 통해 찻물이 몸통 밖으로 흘러내립니다. 또 물대 끝이 몸통의 전보다 낮으면 전 높이만큼 물을 채울 때 물대로 물이 넘쳐 흘러나옵니다. 손잡이가 물대와 몸통의 전과 수평을 이루지 않고 너무 높거나 낮으면 다관의 무게중심이 안정되지 않아 쥐거나 잡고 쓰기에 불편해집니다. 그래서 3수 3평의 원칙이 중요한 겁니다.

나은은 차 도구를 사러 갔을 때 가게 주인이 한꺼번에 많이 쌓여 있는 차 도구들을 가리키며 '가스 가마'에서 나온 작품은 좀 더 싸니 그걸 사가는 게 어떻겠냐고 말했던 것이 생각났다. 우연이었을까. 옆에 있던 수강생이 도자기에 관한 질문을 꺼냈다.

수강생 선생님, 가스 가마에서 나온 도자기랑 장작 가마에서 나온 도자기는 다른가요? 왜 가격에서 차이가 나지요?

선생님 우선 가스 가마란 가스로 불을 피워 도자기를 만드는 것입니다. 보통 기계로 제작된 것을 사용합니다. 도자기는 불의 온도 조절이 가장 중요합니다. 기계제어 설비를 갖춰 정확하게 불을 때면 도자기가 파손되는 확률도 낮아집니다. 불을 때는 사람이 불을 자유자재로 조절할 수 있다는 것도 큰 장점입니다.

한국 도자기를 굽는 전통장작
가마. 흙으로 쌓아올린 가마의
모습이 당당하다.

수강생 가스 가마 방식이 현대적이라는 의미군요.

선생님 그렇죠. 반면에 장작 가마란 예부터 내려오는 가마로 땅 위에 흙
으로 도자기 화덕을 만들어 그 속에 도자기를 넣고 불을 때는 것을 말합
니다. 나무로 불을 때기 때문에 불 조절도 어려울 뿐 아니라 파손도 자주
일어납니다. 그래서 가스 가마에서 나온 도자기들이 가격 면에서 더 저
렴한 것입니다. 장작 가마에서 나온 도자기가 더 좋다는 이야기도 있습
니다만 그것은 아직 제대로 규명되지 않은 부분입니다.

나은 그런데 교육장에 와보면 지금 선생님께서 설명하신 것 외에도 다
양한 소품들이 있던데요. 그 소품들을 이용해 차를 우리는 것을 보면 너
무 어렵고 많은 도구들이 쓰이는 게 아닌지 하는 생각이 들어서요.

선생님 그렇습니다. 사실 차를 제대로 즐기기 위해서는 지금 여러분이 보
고 계신 것처럼 많은 도구들이 필요합니다. 차를 우려낼 수 있는 다관,
물을 식히는 그릇인 숙우, 차를 마실 수 있는 찻잔, 차를 보관하는 그릇

인 차통, 뜨거운 찻잔을 받칠 수 있는 찻잔받침, 찻물을 끓이는 용기인 탕관과 티 포트, 차의 맛을 손상시키지 않고 필요한 만큼 양을 뜰 수 있는 찻숟가락, 차를 우려낼 물을 담아두는 물항아리, 사용한 물을 버려두는 그릇인 퇴수기, 찻잔과 같은 다구를 청결하게 닦을 수 있는 다건, 그리고 다구들을 쓰지 않을 때 덮어두는 다포, 차 도구를 올려놓을 수 있는 찻상들…….

나은 일반 가정에서 그렇게 많은 다구들을 갖추기는 어렵지 않을까요?

선생님 물론입니다. 한꺼번에 모든 걸 다 준비하기 보다는 그 차를 마실 수 있는 가장 기본적인 것들만 우선 마련한 다음에 서서히 자신에게 맞는 차 도구들을 구입하는 것이 좋습니다. 즉 각자의 경제적인 여건도 고려해야 하니까요.

다양한 형태의 차 도구들

나은 선생님, 제가 보기엔 여러 가지 차 도구들 중에 지금 우리 교실 메인 찻자리에 있는 찻상이 가장 폼이 나 보이는데요. 널따란 찻상에 가지런히 놓여있는 차 도구들을 보면 참 멋있기도 하고……. 저런 찻상들을 구하려면 얼마나 많은 돈이 필요하죠?

선생님 모든 찻자리에서 시각적으로 가장 돋보이는 것이 찻상입니다. 찻상을 중심으로 모든 차회가 이루어지고 손님과 주인이 나누어지기 때문입니다. 전통 찻상들은 모두 앉아서 하는 좌식으로 만들어졌습니다. 그리고 찻상을 만드는 재료는 나무와 돌 등이 쓰입니다. 가장 일반적으로 쓰이는 찻상이 바로 '떡판'으로 불리는 찻상입니다.

나은 떡판이라니, 이름이 좀 웃긴데요.

선생님 네. '떡판'의 재료로는 옛날 마루를 그대로 가져다 쓰는 사람도 있고, 아니면 대추나무를 쓰는 사람도 있고 다양합니다.

나은   그럼 가장 비싼 찻상은 값이 어느 정도까지 나가나요?

선생님 최근에는 찻상을 예술적으로 만들어 사용하는 경우가 많습니다. 그래서 찻상의 가격은 수십만 원 대에서 수천만 원 대까지 다양하게 있습니다. 하지만 따로 차를 마실 수 있는 공간인 차실이 없다면 무리를 해서 찻상을 살 필요는 없습니다.

나은   찻상 하나에 수천만 원이라…… 너무 사치스러운 것 같아요.

선생님 그렇죠. 일반 가정에서는 집에 있는 상을 이용하거나 3~4인용으로 나온 간단한 찻상을 10~20만 원 선으로 구입하면 요긴하게 쓸 수 있습니다.

나은   대중적인 찻상부터 고가의 호화 찻상까지 다양하군요.

선생님 네. 하나 주의할 점은 차를 우려내는 차호나 찻잔은 처음 구입한 후 가능하면 물에 끓여 사용해야 한다는 것입니다. 찻잎을 넣은 물에 30분 이상 끓이면 차호 속에 들어있는 나쁜 물질들도 제거될 뿐만 아니라 차호 속으로 찻물이 배어들어 좋은 색깔과 맛을 느낄 수가 있습니다. 이럴 경우에는 꼭 한 가지 차만을 쓰는 차호로 이용해야 합니다.

일상에서 다구를 사용하고 수리하는 습관

나은은 차 수업이 끝날 때마다 차에 대한 지식이 일취월장하는 기분이었다. 차 마시기에 있어 맛과 향을 느껴보는 것에서부터 과학과 청결의 관점까지, 또 각종 차 도구를 볼 수 있을 정도로 학습 수준이 높아지고 있었기 때문이었다.

나은은 점점 욕심이 생겼다. 어서 차를 배우고 친구들을 불러 차회를 해야겠다는 생각을 했다. 그러던 어느 날 그녀에게도 기회가 왔다. 시집

차 도구의 중심은 찻상이다. 찻상은 돌로 만든 찻상, 나무로 만든 찻상 등
다양한 재료로 만든 아름다운 찻상들이 차인들의 찻자리를 품격 있게 만든다.

간 친구가 나은의 집에 놀러온다고 했던 것이다. 나은은 그 친구에게 차 대접을 하기로 마음먹었다.

드디어 첫 번째 결전의 날. 일본에서 차맛을 본 후 막무가내로 열었던 차회와는 다른 느낌이 들었다. 제대로 배우는 과정에서 첫 번째 차 손님을 맞이했기 때문이다. 하지만 그 친구는 혼자가 아니었다. 5살짜리 아들을 데리고 온 것이었다. 나은은 점잖게 차를 우리며 말을 꺼냈다.

친구 어머, 네가 웬일이니? 너 원래 커피 좋아했잖아? 차는 너랑 잘 안 어울리는데……. 그런데 생각보다 차가 참 맛있다야.
나은 그럼, 우리나라 차가 얼마나 맛있는데! 토양도 차나무도 기후도 적당해서 우리 차가 맛있지. 그리고 우리나라 차 역사도 1,500년이 넘잖아. 그러니 차가 우리 전통문화 중 하나라고 할 수 있지.

신이 난 나은은 마치 오랫동안 차 생활을 한 것처럼 여러 가지 자랑을 늘어놓았다. 그러다 잠깐 한눈을 파는 사이에 찻그릇이 깨지는 소리가 났다. 상 위에 올려놓았던 차호와 찻잔을 친구의 아들이 바닥에 떨어뜨렸던 것이다. 고생해서 구입한 차호의 주둥이와 찻잔이 깨져버린 탓에 나은의 얼굴은 하얗게 질리고 말았다. 이러지도 저러지도 못한 나은은 쓰린 속을 부여잡고 차호와 찻잔을 쓰레기통에 버릴 수밖에 없었다. 이래저래 속이 상한 나은은 수업시간 전에 차 선생님께 투덜거리며 이날의 상황을 말씀드렸다. 그런데 나은의 말을 듣고 있던 차 선생님이 깜짝 놀라면서 이런 말씀을 하셨다.

선생님 그래서 차호와 찻잔을 버렸나요?
나은 네, 분리수거해서 버렸어요. 이번 달에 보너스가 나오니까 새로 장만하려고요.

선생님 그건 잘못된 생각이에요. 차호나 찻잔을 그렇게 버릴 필요는 없습니다. 수리를 해서 쓰면 돼요.

나은 차호랑 찻잔을 고쳐서 쓴다고요?

선생님 그럼요. 차호나 찻잔은 수리해서 쓰는 게 좋습니다. 나중에 공부하겠지만 일본에서는 차호나 찻잔 그리고 차사발에 역사가 담겨 있습니다. 요즘 말로 하면 스토리가 있는 셈이죠.

나은 차사발에 스토리가 있다니 무슨 뜻인가요?

선생님 스토리가 있는 차사발은 우리나라 돈으로 100억 원을 넘는 것도 있습니다. 일본의 국보에 차사발이 많은 것도 그런 이유 때문입니다.

나은 와, 대단한데요. 그렇다면 각 차사발마다 스토리가 다르게 전해진다는 말씀인가요?

선생님 네, 일본에서는 차사발에 소유한 사람의 이름이랑 차회 당시의 시간과 장소를 기록해 놓습니다. 그래서 차사발이 누구의 손을 거쳐 지금까지 오게 되었는지를 알 수 있습니다.

나은 아, 차사발에 기록을 남겨 오랜 시간에 걸쳐 대물려 사용하는군요.

금으로 수리한
조선시대 분장분청차사발
차인들은 자신의 다구를 소중히 한다. 특히 다완이나 찻잔 등의 다도구를 아낀다. 그런 다도구들을 은이나 금으로 수리를 해서 소중히 보관한다.

선생님 그렇죠. 역사가 정확하면 차사발의 가치가 엄청나게 높아집니다. 일본에서는 그런 차사발을 한 번 구경하고 만져보는 데 돈을 지불하기도 합니다. 그중에서는 금으로 수리를 한 것도 있고요. 나은 씨도 마찬가집니다. 차호나 찻잔도 언제나 수리가 가능합니다. 혹시 집에 금이 있나요?

나은 있긴 한데…… 왜요?

선생님 앞으로 차호나 다완이 깨지면 금으로 수리하세요. 그렇게 하면 차호나 다완이 스토리를 갖게 되고 소장자는 더 깊은 애정으로 차 도구들을 대하겠죠? 경제적인 측면에서도 마찬가집니다. 비싼 차사발이 깨졌다고 그냥 버리기는 아깝잖아요. 그렇게 수리해서 사용하면 아무 문제없습니다.

그런 방법이 있었다니…… 나은은 감탄했다. 금을 활용해 수리를 하면 아름다운 차 도구가 새롭게 탄생할 수 있다는 사실에 감탄을 금할 수가 없었다. 그날 수업은 다도구에 대한 두 번째 수업이었다.

나은 선생님, 차 도구 가게에 가보니까 중국 다도구도 많던데 한국 차 도구랑 차이가 있나요?

선생님 그럼요. 있고말고요. 우리나라에서는 우리만의 다도구를 만들어 차를 마셨고요, 중국에서는 중국에 맞게 다도구를 개발해서 차를 마셨습니다. 먹는 차마다 그 차에 맞는 다구들을 사용해야 그 차의 맛을 제대로 느낄 수 있습니다.

차 바로 알고 쉽게 마시는 법

①

물 끓이기

···

옛날에는 돌화로나 질화로에 숯불을 피우고 무쇠솥이나 돌솥에 물을 끓여 차를 마셨다. 지금도 찻자리의 멋을 즐기는 사람들은 옛 방법대로 하나, 이는 손이 많이 가고 번거로워 약식으로 숯불은 피우지 아니하고 전기화로를 넣어 물을 끓인다.

때에 따라 물을 끓이는 방법에 따라 차맛이나 향의 미묘한 차이를 느껴 무쇠솥이 좋으네, 돌솥이 좋으네, 찻자리에서 회자되기도 한다.

요즘은 물이 빨리 끓는 전기주전자를 사용하거나 끓고 나서 보온도 되는 보온포트를 많이 사용하고 있다. 단점은 전기주전자는 너무 빨리 끓어 물이 채 익지 않아 거친 물이 되니 끓고 난 후에 조금 식기를 기다려 다시 한 번 끓여 주는 것이 좋고, 보온포트는 사용하기에는 편리하나 물을 너무 오래 두는 탓에 물맛이 떨어지는 경우가 있으니 끓은 물을 너무 장기간 놔두는 것은 좋지 않다.

❖ 화로와 찻물 솥

찻물을 전기포트나 보온병으로 끓이는 것은 편해서 좋지만 어쩐지 인스턴트 맛이 난다고 할 수 있겠다. 느림문화의 하나인 차를 단 5분 안에 끓어오르는 물주전자의 소리는 그리 즐겁지 않다. 옛사람들은 찻물을 끓이면서 생각보다 많은 즐거움을 가졌다. 이왕에 차를 마신다면 그들 정도는 아니더라도 한 잔의 차를 우리기까지의 모든 것이 차를 즐기는 것이니 한번 시도해보는 것도 또 다른 즐거움이 될 것이다.

정성을 다해 차를 우리는 것은 상대에 대한 지극한 대접의 의미도 있겠지만 홀로 차를 마실 때 그 효과가 더 크다. 무쇠 화로에 숯불을 피우고 무쇠솥에서 물 끓는 소리를 들으면 옛사람 누군가의 말처럼 솔숲에 이는 바람 소리는 아닐지라도 또 다른 정취를 느낄 수 있다.

❷
다관, 찻잔 데우기
...

여름에는 찻잔이나 다관을 데우지 않아도 차를 우리는 데 그다지 영향이 없으나 겨울에는 다관이나 찻잔, 숙우 등을 차 우리기 전에 미리 덥혀 놓아야 우린 찻물이 미지근해지는 것을 막을 수 있다. 찻잔이나 여러 기구들을 뜨거운 물로 덥히는 것은 한 번 뜨거운 물로 다구에 혹시 남아있을지 모르는 먼지 등을 씻어내는 의미도 있다.

③
다관에 차 넣기
...

보통 1인용에 적당한 양이 2g 정도라고 하나 개인의 취향에 따라, 차의 종류에 따라 각기 다르니 스스로 가감하면서 조정해 익히는 것이 좋다. 다관을 여러 개 준비해 놓았다가 사람 수에 맞춰 사용하면 차를 허실 없이 사용할 수 있고 맛있게 우릴 수 있다. 상투법이니 하두법이니 다관에 차를 넣는 방법이 계절에 맞추어져 있으니 한 번쯤 시도해 그 차이점을 알아가는 것도 해 볼 만하나 적극적으로 권장할 것은 못된다.

④
다관에서 우리기
...

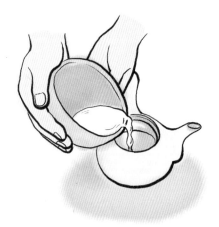

차를 다관에 넣고 물을 부어 우려야 하는데 제일 많이 묻는 것이 몇 ℃의 물에서 우려야 하느냐는 것이다. 증제차의 경우에는 70℃ 정도의 좀 낮은 온도에서 우리는 것이 떫은맛이 덜하다. 덖음차가 대부분인 우리나라 차는 한 김 내보낸 뜨거운 물을 부어 우려도 괜찮다. 주의할 것은 낮은 온도에서는 차가 우려지는 것이 느려 시간을 두고 따라야 하지만 뜨거운 물을 부었을 때에는 5초 이내에 바로 따라야 한다.

향은 뜨거운 물에서 반응할 때 빨리 날아가버리니 첫 탕기에는 80℃ 정도의 식힌 물에 우려 향을 즐기는 것도 한 방법이다. 앞서 3수 3평에 대하여 다관을 설명할 때에 차를 가장 맛있게 우릴 수 있는 조건이라고 했다. 찻자리에 참석한 사람들의 수에 맞춰 2인용, 3인용,

5인용, 이렇게 구분할 수 있는 다관을 준비하면 찻물을 다관에 가득 부어 우릴 수 있어 차의 맛과 향을 더 좋게 효과적으로 즐길 수 있다.

처음부터 너무 온도에 신경 쓰고 차의 양에 예민하게 하지 말고 차의 양과 물의 온도는 자주 차를 마시다 보면 쉽게 적응할 수 있다. 차를 마시는 사람들이 흔히 하는 소리가 차가 진하면 짜다고 하고 열으면 싱겁다고 하는 재미있는 말을 한다. 이 말을 역으로 해석해 보면 자주 차 마시는 사람들도 자로 잰 듯 늘 한결같지 않다는 이야기이니 이제 차 마시기를 시작한 사람도 차 우리기를 그리 두려워 할 것이 못 된다. 쉽게 생각하는 편안한 차 생활이 되었으면 한다.

❺
차 따르기
...

찻잔이나 다관 등을 덥히고 물기를 닦아내고 잔을 가지런히 한다. 각 다회마다 앞쪽으로 혹은 옆에 가지런히 놓기도 하는데 그리 신경 쓸 바는 아니고 차를 우려 대접하는 사람이 손님에게 대접하기 편하게 하면 된다.

잔에다 직접 차를 따른다면 방향에 관계없이 조금씩 나누어 따르다가 역순으로 다시 잔을 채우면 찻물의 농도가 같게 나눌 수 있다. 또 다른 방법은 숙우에 찻물을 다 따라서 잔에 나누는 방법으로 많이들 사용하고 있으며 특히 첫잔 이후에 잔이 손님 각자의 앞에 놓여 있으므로 숙우에 따라 숙우 째 돌려 각자가 자신의 잔에 차를 나누는 경우가 많다.

주의할 것은 다관의 찻물을 매 탕기마다 마지막 한 방울까지 따라내야 한다. 다관 안에 찻물이 남아 있으면 남아 있는 찻물에 차가 우려져 다음 우릴 때 섞여 차맛에 영향을 줄 수 있다.

6

차 마시기

...

되도록 잔은 넉넉한 것으로 하는 것이 좋다. 요즘은 중국풍의 영향인지 작고 앙증맞은 찻잔을 좋아하는 이들이 많아서인지 다관이나 찻잔이 작은 경향이 있는데 우리 차 생활에는 맞지 않는다. 넉넉한 잔에 반쯤 차를 따라 차를 마시면 코가 찻잔에 묻혀 저절로 향을 음미하게 되고 향과 함께 맛을 동시에 음미하게 된다. 잔이 넉넉하니 소주잔 들듯이 한손으로 들 수 없을 것이고 두 손으로 들어 마시니 마시는 사람의 품위도 돋보이게 된다.

예의란 것이 불편한 것이라면 왜 구태여 예의를 지키라고 하겠는가. 예의란 사람들 사이를 편안하게 하는 것으로 어색하지 않고 물 흐르듯 자연스러운 것이어야 한다. 찻자리의 예의도 이와 같아야 편안한 찻자리가 될 것이다.

1 먼저 다상에 찻잔을 가지런히 한다. 특별한 모양새를 갖출 필요는 없으나 차를 따르는 데 편리한 위치에 찻잔을 가지런히 한다. 다회에 따라서는 가로로 정리하거나 세로로 정리하는데 모두 편리함에 따른 것이라 보면 된다.

2 끓인 물을 먼저 다관에 붓고 다시 숙우에 부었다가 가지런히 정리한 찻잔에 나누어 따른다. 이는 다구를 사용하기 전에 덥히고 깨끗이 하고자 하는 것이다. 물을 숙우에 따랐을 때 그 양을 짐작하여 차를 우릴 물의 양을 알맞게 가감할 수 있다.

3 다관에 적당히 차를 넣는다. 처음에는 그 양을 짐작할 수 없으나 차츰 차의 양을 조절하다 보면 쉽게 알 수 있다. 차 마시는 사람의 수에 따라 그 양을 가감해야 한다.

4 첫 탕은 먼저 짐작하고 있는 양의 물을 숙우에 물을 따르고 한 김 나간 물을 다관에 옮겨 따른다. 한 호흡이나 두 호흡 사이에 우려진 찻물을 잔에 따르거나 다시 숙우에 따라 각 잔에 나눈다.

5 찻잔받침에 잔을 올려 자리에 앉은 이들 앞으로 나누고 드시라고 권한다.

6 두 번째 탕부터는 직접 다관에 물을 붓거나 다시 숙우에 물을 따르고 다관에 옮겨 우리거나 하는데 물의 온도에 따라 우리는 시간을 조절해야 한다.

7 두 번째 잔을 권할 때에는 숙우에 따라 숙우째 돌려 각자 자신의 잔에 직접 따를 수 있게 하든가 잔을 다시 차 우리는 사람 앞으로 옮겨 놓고 첫 잔처럼 반복해도 된다.

7
찻자리 정리
...

먼저 다관에 다 우린 찻잎을 꺼내 퇴수기에 비우고, 다시 뜨거운 물을 부어 남은 찻잎을 깨끗하게 비운 뒤 뚜껑을 반쯤 기울여 닫아 남아 있는 습기가 날아가게 한다.

찻잔을 숙우에 뜨거운 물을 부어 놓고 씻어 다건으로 닦아 놓는 사람들이 있는데 이는 크게 잘못된 것이다. 혼자 마신다면 몰라도 귀한 손님을 대접하는 찻잔을 뜨거운 물로만 행궈 간단히 차 수건으로 닦아 놓았다가 그 찻잔으로 다시 손님에게 드린다면 불쾌한 일이 아닐 수 없다. 반드시 다반을 곁에 두었다가 옮겨 담고 다포로 덮어 두었다가 손님이 간 뒤 물에 삶아 깨끗하게 정리하여야 한다.

백자거나 분청이거나 다구는 세제로 씻으면 안 된다. 분청인 경우에는 세제가 스며들어 더욱 안 되고 다구에 세제의 향이 남아 있다면 온전히 차를 즐길 수 없기 때문이다. 백자의 경우에는 물이 스며들지 않아 이외에 크게 주의할 것은 없으나 분청인 경우에는 다관 몸 자체가 습기가 많이 스며들어 장기간 사용하지 않을 때에나 여름철에는 가끔 햇볕에 널어 완전하게 말려 사용해야 한다.

백자인 경우에는 찻물이 스며들지 않아 여러 가지 차를 마시는 데 사용하여도 별 영향이 없으나 분청인 경우에는 여러 가지 차를 혼용해서는 안 되고 녹차는 녹차, 발효차는 발효차용으로 구분해서 사용해야 한다.

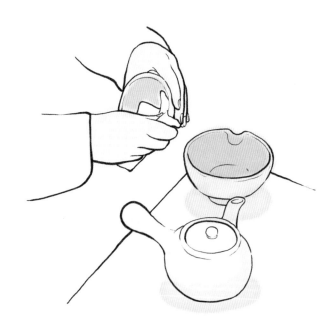

4
———
차와 예절

차회, 차를 마시는 또 하나의 즐거움

선생님의 조언대로 알맞은 다기를 골라서 구입한 나은은 친구들을 집으로 초대해 이른바 '홈 차회'를 열기로 결심했다. 라이벌인 영숙은 물론 다른 친구들도 초대했다. 새로 사온 다기를 정성스럽게 닦고 인근 약수터에서 좋은 물도 준비했다. 그리고 쿠키와 같은 먹을거리도 풍성하게 준비했다. 그리고 드디어 '홈 차회'를 시작했다. 선생님의 추천으로 새롭게 산 차를 멋지게 개봉한 다음 차를 우려냈다. 방 안에 향긋한 녹차 냄새가 진동했다.

친구들이 부러운 눈으로 나은을 쳐다봤다. 비서로 근무하는 현숙이 먼저 말문을 열었다.

<u>현숙</u>　나은, 멋진데? 언제 이런 걸 배운 거야? 난 그냥 사무실에서 이사

삼국시대 전통복식을 입고
차회를 열고 있는 숙우회 차인들
차인들은 차를 함께 마시기 위
해 다양한 차회를 연다. 차인들
에게 차회는 차를 마시는 또 하
나의 즐거움이다.

님들께 현미녹차 타 드리는데 그거랑은 맛이 참 다르네. 맛있다. 이거 왜
이렇게 맛있는 거야?

현숙의 질문에 나은은 뿌듯한 표정으로 좋은 차와 좋은 물 그리고 다관
의 필요성을 설명했다. 현숙과 친구들의 표정에는 놀라는 기색이 역력했
다. 그런데 또다시 영숙의 표정이 심상치 않았다.

영숙   많이 늘었는데? 차도 맛있고. 그런데 너 다례茶禮란 말 들어봤니?
지금처럼 친구들을 초대해서 차 대접을 하는 걸 뭐라고 하는 줄은 아니?

나은은 순간 머릿속이 하얘졌다. 도대체 쟤가 무슨 소리를 하는 걸까.
친구들을 초대해서 하는 차회를 '홈 차회'로 부르지 뭔가 다른 게 있을
리가 없을 텐데. 차 교실 선생님께서는 차를 먼저 편안하게 대하고 마시
는 게 차와 친해지는 가장 빠른 길이라고 말씀하셨는데……

나은 뭐라고 부르긴. 집에서 하니까 그냥 '홈 차회'라고 부르면 되지.

순간 영숙의 표정이 변했다. 다른 용어가 있는 것 같았다. 나은은 속으로 화가 치밀었다. 또다시 영숙에게 무시를 당한 자신이 너무도 초라했다. 나은은 좀 더 공부를 한 뒤 친구들을 부를 걸 하는 생각이 들었다. 너무 상심하여 친구들이 어떻게 집으로 돌아갔는지 기억나지도 않았다.

나은은 친구들이 돌아가자마자 차 선생님을 찾아갔다. 나은은 자신의 집에서 열었던 '홈 차회'의 상황을 설명했다. 선생님은 말씀하셨다.

선생님 영숙 씨가 정확하게 지적을 했네요. 아무래도 영숙 씨는 어디서 제대로 차 교육을 받은 것 같아요. 나은 씨, 차를 마시는 것을 다도茶道라고 부르는 이유가 바로 거기에 있습니다. 차는 단순히 마시는 행위가 아니라 예절과 함께 정신적인 것을 추구하기 때문에 다도라고 부르는 겁니다.

나은 그 정도야 저도 짐작은 했지만……

선생님 너무 앞서가는 것 같습니다만, 나은 씨가 앞으로 배우게 될 중요한 것 중 하나가 바로 행다법行茶法과 차를 마시는 데 필요한 예절입니다. 우리가 레스토랑에 가면 나이프와 포크의 위치가 정해져 있듯이 차에도 격식에 걸맞은 다양한 예절이 있습니다. 그걸 영숙 씨가 지적한 것입니다.

선생님의 말씀을 듣는 순간 비웃는 듯한 영숙의 표정이 빠르게 뇌리를 스쳤다. 영숙이 고것이 차 공부를 했단 말이지…… 그러고도 모른 척 나를 놀리고 있단 말이지……. 나은의 속은 활화산처럼 끓어올랐다. 그런 나은의 마음을 알아차렸는지 선생님은 이렇게 말씀하셨다.

선생님 그렇다고 몰랐던 자신을 탓해야지 알고 가르쳐 준 친구를 탓하진

숙우회 로자나 다실
차인들에게 차를 마시는 행위는 고도의 정신수행의 한 과정이기도 하다. 예법과 다법이 어우러진 행다는 차인들과 찻자리의 품격을 높인다.

마세요. 너그럽게 용서하고 받아주는 것도 차인의 기본 덕목입니다. 차인의 예절은 포용과 용서에서 시작되는 겁니다.

나은　하지만 너무 창피하고 분해요.

선생님　이해합니다. 차를 끓여서 대접하고 마시는 모든 행위를 우리는 행다례行茶禮라고 부릅니다. 행다의 기본은 차를 끓이는 법입니다. 한층 깊은 행다의 기본은 기교나 멋이 아니라 마음과 정성입니다. 그런 점에서 오늘 나은 씨의 홈 차회는 아주 훌륭했습니다. 오늘 초청한 친구들에게 나은 씨의 모든 정성을 다 기울였으니 좋은 차의 예절을 지킨 것입니다.

나은　그렇다면 행다례란 구체적으로 어떻게 이루어지나요?

선생님　행다례에는 잎차를 우리는 팽다법烹茶法[1], 말차를 우리는 점다법點茶法[2], 차를 물에 넣어 끓이는 자다법煮茶法[3]이 있었지만 오늘날에는 팽다법과 점다법만을 사용하는 것이 보통입니다. 행다례는 첫째 차의 품성에 맞추어 차 고유의 맛을 내는 데 정성을 들여야 합니다. 그리고 나와 남을 구분하지 않는 평등함과 조화를 이루는 마음을 가져야 합니다. 물과 불, 차와 다도구, 주인과 손님이 모두 함께 어우러져 즐겁게 차를 마실 수 있는 분위기를 만들어내는 것이 기본입니다.

나은　우와, 차 마시기는 고도의 정신수양이기도 하군요.

선생님　그렇죠. 행다법은 또 차를 끓이는 전다법과 손님에게 차를 대접하는 공다법으로 나뉩니다. 그렇게 예절을 갖추어 차를 대접하는 행위를 그 목적에 따라 생활다례[4], 접빈다례[5], 의식다례[6]로 나눌 수 있습니다. 나은 씨가 이번에 집으로 친구들을 초대해 열었던 '홈 차회'는 접빈다례에 속한다고 할 수가 있습니다. 먼저 생활다례를 살펴보면 여럿이 함께 편안하게 둘러 앉아 마시는 두리차회와 혼자서 편안하게 차를 마시는 명상차회가 있습니다. 접빈다례에는 차를 좋아하는 친구들을 초대해 즐겁게 차를 마시는 가회다례와 존경하는 사람이나 윗사람에게 차를 대접하는 공경다례가 있습니다. 마지막으로 궁중이나 사찰에서 행했던 의식다례

1　**팽다법(포차법)** 찻잎을 끓인 물의 힘만으로 달여 내는 것을 팽다법이라 한다. 포차법(泡茶法)이란 명나라 때 유행하던 음다법으로 지금의 방식처럼 잎차를 우려내 마시는 방법이다.

2　**점다법(點茶法)** 송나라 때 사용한 음다법으로 덩어리 고형차를 차 맷돌로 부드럽게 간 다음 그 가루를 찻사발에 직접 넣어 연고(軟膏)와 같이 끈적끈적하게 만든 다음 끓인 물을 적당량 붓고 솔로 잘 저어 거품을 내서 마시는 것. 지금의 말차를 마시는 방법과 비슷하다.

3　**자다법(煮茶法)** 떡차를 부수고 가루를 낸 후 솥에 넣고 잘 절이고 끓여 마시는 방법으로 전차법(煎茶法)이라고도 한다. 당나라 때 사용한 음다법이다.

4　**생활다례** 생활다례는 현대인들이 일상에서 언제 어디서나 쉽게 할 수 있는 다법이다. 격식도 생략되고 유리다관 등 개량된 다관들도 사용할 수 있다. 생활다례를 위한 준비물은 차를 마실 수 있는 기본 다구와 끓는 물, 차가 전부이다.

5　**접빈다례** 접빈다례는 예의를 갖추어 손님에게 차를 대접하는 행위를 말한다. 국가의 사신이 방문했을 때 임금이 직접 차를 대접하는 공식 접빈다례와 귀족 사대부 관리 스님 등이 차를 나누는 비공식 접빈다례가 있었다. 조선왕조실록에는 왕실에서 국가의 사신에게 공식적으로 접빈다례를 한 기록이 570여회나 기록되어 있어 조선왕실의 중요의전 행사 중 하나였음을 알 수 있다

차의 즐거움은 차회를 여는 데 있다. 차회를 통해 차인들은 세상과 교감한다. 여러 가지 차를 마시며 나누는 이야기들은 자신과 세상을 맑게 하는 청량함이 있다. 차 한 잔을 나누는 차회를 통해 누구나 가까운 이웃이 될 수 있기 때문이다.

의식다례는 차례와 헌다례 등으로 나뉜다. 먼저 차례란 추석이나 설날 등 특별한 날에 차와 간단한 음식으로 제사를 지내는 것이다. 오늘날 설날과 추석에 간단한 형식의 차례를 올리고 있지만 차 대신 술을 올리고 있다. 다음은 헌다례. 헌다례는 돌아가신 분의 위엄을 기리거나 그 정신을 본받고자 차를 올리는 의식이다. 기우제, 공덕제, 기원제 또는 조상의 사당이나 사찰에서 불보살에 대한 공양 때 차를 올린다. 헌다례에 사용하는 찻잔은 뚜껑이 있는 탁잔을 주로 사용한다. 탁잔이란 잔받침이 높은 잔으로 차의 맛과 향을 보존하기 위해 사용한다.

를 빼놓을 수 없습니다. 의식다례란 우리가 흔히 말하는 추석이나 설 명절에 지내는 차례, 추모헌다례, 궁중다례 등 정식적인 의식에서 사용하는 다례를 뜻합니다.

나은 차에 대한 예절은 상황에 따라 매우 세분화된 격식이 있었군요.

선생님 그렇습니다. 이러한 각 상황에 맞는 몸가짐이 있으니 그것이 바로 예절입니다. 우리나라 행다례에서 빠질 수 없는 것이 바로 우리가 흔히 '절'이라고 부르는 배례법拜禮法입니다. 배례법을 쉽게 말하면 절하는 법이지요. 나은 씨 본관은 어딥니까?

손님에게 차를 대접하는 접빈다례

당황스러웠다. 아버지가 명절 때마다 말했던 본관에 대한 이야기가 스쳐지나갔다. 차 공부를 하려다가 우리 전통예절을 공부할 줄은 몰랐다. 나은의 얼굴이 화끈 달아올랐다.

선생님 나은 씨, 창피하게 생각하지 마세요. 나은 씨뿐 아니라 요즘 젊은
이들 대부분이 자신의 뿌리나 예절을 모른답니다. 우리 차 문화가 좋은
것이 바로 그것 때문입니다. 단순히 차를 마시는 행위를 떠나 우리 전통
예절과 뿌리를 찾아서 익히고 이어가는 것이기 때문입니다. 차 생활은
공경과 예가 바탕이 되어야 합니다.

나은 차 마시기를 통해 예절공부까지 하게 될 줄은 정말 몰랐어요.

선생님 네, 우리나라는 동방예의지국이죠. 전통배례법에는 큰절(숙배), 평
절(평배), 반절(반배)이 있습니다. 큰절은 계수배라고도 하는데 이마가 손
등에 닿게 절을 하는 것입니다. 여자의 숙배는 머리를 45도로 숙입니다.
남자 평절은 돈수배라고 하는데 손등에 이마가 닿고 한 번 만에 일어나
는 절입니다. 평절은 여자들이 합니다.

나은 그럼 다례에 있어서 특별한 예절이 따로 있나요?

선생님 네, 무엇보다 차인들의 기본 예절 자세는 공수拱手에 있습니다. 차
인들이 손님들을 맞을 때나 차회를 할 때 어떤 자세로 있는지를 자세히
보세요. 두 손을 앞으로 모으고 있을 겁니다. 그 자세가 바로 공수의 자
세입니다. 공수란 두 손을 앞으로 모아 공손한 자세를 취해 예를 갖추는
기본자세입니다.

나은 공수를 할 때는 어떻게 해야 하나요?

선생님 남자와 여자의 자리는 평상시에는 남좌여우男左女右, 나쁜 일에는
남우여좌男右女左가 기본입니다. 평상시에나 좋은 일에 남자는 왼손이 위
로 가게 포개어 잡고, 여자는 오른손이 위로 가도록 포개어 잡습니다. 그
러나 좋지 않은 일에는 손이 바뀌어 남자는 오른손, 여자는 왼손이 위에
가도록 포개어 잡습니다.

나은 그렇게 까다로운 것을 어떻게 다 지키죠?

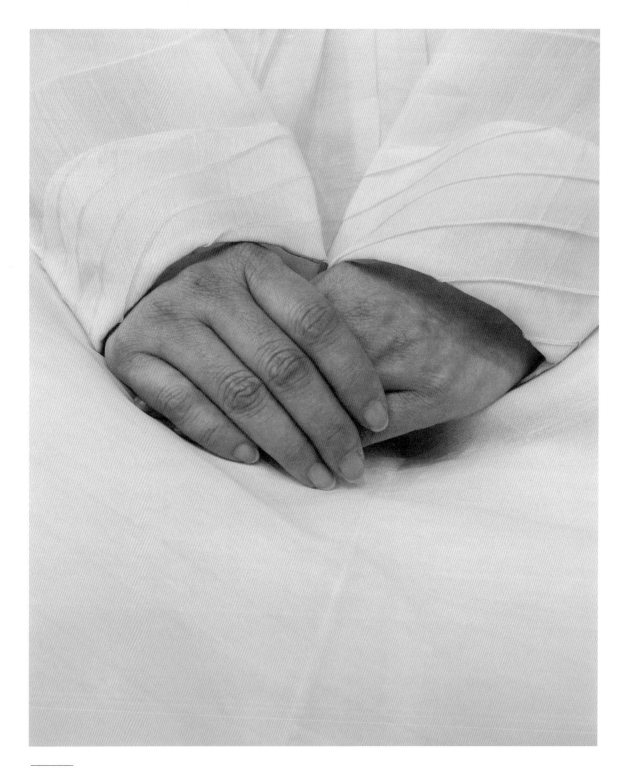

차인들의 기본 예절 자세는 바로 공수다. 차인들이 손님을 맞을 때나 차회를 열 때 가장 기본적인 자세다.
공수란 두손을 앞으로 모아 공손한 자세를 취해 예를 갖추는 기본자세다.

선생님 이뿐만이 아니에요. 예복을 입었을 때 공수한 손의 위치는 남자는 손을 깍지 끼고 손가락에 도포자락을 끼우는 형태가 됩니다. 행사 시에는 손가락 사이에 홀을 쥐기도 했는데 홀은 일종의 메모판이라고 할 수 있죠. 여자는 보통 당의를 입었고 손을 밑에 넣고 깍지를 끼운답니다. 평상시 공수한 손의 위치는 배꼽 위에 살며시 갖다대고, 앉을 때 공수한 손의 위치는 남자는 가부좌를 하고 앉으며 깍지를 낀 손은 중앙에 둡니다. 여자는 손을 포개서 앉고 양장한 경우에는 가운데 끝부분에 두도록 합니다. 서 있을 때는 남자는 공수한 손을 배꼽에 두고 여자는 한복의 배래선이 잘 보이도록 배꼽에 둡니다.

나은 손의 위치까지 상황에 따라 다르니 너무 어렵네요.

선생님 그런가요? 조금 있으면 배례법과 같은 다양한 전통예절을 배우게 될 겁니다. 차 교육의 절반은 전통예절을 익히는 것에 있을 정도로 이 부분은 중요하다고 할 수 있죠.

나은은 갑자기 궁금해졌다. 서양에서 파티를 하면 파티복을 입듯이 우리도 찻자리에 초대를 받으면 그에 맞는 예절이 필요할 것이라는 생각이 들었다.

나은 선생님, 그러면 찻자리 예절도 따로 있나요? 어떤 잡지를 보니까 티 파티를 할 때 초청 티켓이 있어야 하고 참가비도 내야하는 것 같던데. 그런 티 파티는 우리 차 파티와는 다른 건가요?

선생님 아니에요. 그 티 파티가 우리 차 파티에 해당합니다. 먼저 요즘 호텔이나 홀에서 하는 대규모 티 파티를 얘기해 볼까요? 그런 대규모 파티는 한복과 정장을 입어야 하고 티켓이 있을 때 참가할 수 있습니다. 최근 들어 가끔 열리는 티 파티가 바로 그런 형식이죠. 여기서 전통 차회 예절을 한번 살펴볼까요. 먼저 초대예절입니다.

♥ 차회 초대예절

1 날짜를 먼저 정한다.

2 계절과 차회의 의미에 맞춰 찻자리를 꾸민다.

3 차 종류와 차 음식은 손님들의 기호에 맞춰 준비한다.

4 다구를 배치할 곳과 손님의 좌석을 미리 살펴둔다.

5 손님을 맞이할 때 출입문 앞에서 반갑게 인사한다.

6 방명록에 서명을 부탁한다.

7 코트나 귀중품이 아닌 소지품을 어디에 놓을 것인지 안내한다.

8 안내자는 손님의 앞에서 자리를 안내한다.

9 차회의 내용이 담긴 유인물을 손님에게 배부한다.

10 주인은 출입문 가까운 곳에 서고 손님은 주인 맞은편에 마주한다.

11 자리에 앉기 전에 서로 인사를 한다. 의자가 준비된 입식 차회일 때에는 서
   서 인사를 하고, 온돌이나 마루에서 차회를 하는 경우엔 앉으면서 평절을
   한다.

12 주인은 차를 준비하겠다고 인사를 한 다음 다구가 놓인
   곳으로 자리를 옮긴다.

13 차와 다식이 준비된 차회를 본격적으로 진행한다.

14 차회가 끝난 후 준비한 선물을 건넨다.

나은   선생님, 그럼 차회에 방문할 때는 어떻게 해야 하죠?

선생님   차회 방문 예절은 다음과 같습니다.

❤ 차회 방문예절

1 차회에 초청을 받은 사람은 약속된 시간에 정확하게 도착한다.

2 화장은 수수하게 하고, 옷차림은 정장이나 한복으로 한다.

3 정해진 자리에 다소곳이 앉아 필요한 말만 한다.

4 주인과 손님들에게 최대한 예절을 지키며 차회에 참여한다.

나은 선생님, 왜 차를 가르치는 분들에게 선생님이란 호칭을 쓰는 거죠? 특별한 이유가 있나요?

선생님 좋은 질문이네요. 나은 씨는 이 차 교실을 어떻게 알고 찾아왔나요?

나은 인터넷에서 찾았어요. 이곳 말고도 차 교육을 하는 곳이 많았는데 속성으로 짜임새 있게 공부할 수 있는 곳이 여기라는 판단이 들었어요.

선생님 그렇군요. 전국에서 차 공부를 할 수 있는 곳이 약 3천여 곳 정도 됩니다. 차를 전문적으로 공부할 수 있는 대학도 13곳 정도 되고요. 차가 단순한 취미를 벗어나 하나의 문화산업으로 발돋움하고 있다고 볼 수 있겠죠? 차 관련 산업 규모가 약 2조 원이 된다고 하니 만만치 않은 셈입니다.

나은 정말 '차 산업'이라 부를 만한 규모네요.

선생님 차를 가르치는 분들을 선생님이라고 부르는 이유는요, 각 단체마

다 차이는 있겠지만 최소 3년 동안 체계적인 공부를 한 사람들에게는 차 교육을 할 수 있는 자격증이 발급됩니다. 차 교육에서는 차뿐 아니라 예절, 도자기, 꽃과 같은 차와 관련된 다양한 지식이 필요합니다. 그리고 기본적으로 차는 예절, 정신적인 겁니다.

나은 차 선생님들에게도 자격증이 있는 줄 처음 알았어요.

선생님 네, 그리고 차를 한다는 것은 기본적으로 예절을 필요로 합니다. 가정에서 하는 관혼상제에 필요한 예절, 그리고 개인과 개인 사이의 예절 등 우리 전통예절을 배우는 게 기본이죠. 그래서 차를 가르치는 분들을 선생님이라고 부르는 겁니다.

5
___

차 만들어보기

제다 체험에 나서다

4월 중순이었다. 늘 늦잠을 잤던 토요일이었지만 나은은 새벽 5시에 일어났다. 오늘은 차 교실에서 차 산지를 직접 찾아가 차를 만들어 보는 날이었기 때문이다. 나은은 난생 처음 차 산지에서 차를 만들어 보는 것이어서 일주일 전부터 동료와 친구들에게 자랑을 하고 다녔다.

나은   얘들아 내가 만든 차맛 보여줄게. 기대해. 내가 이래 봬도 한 음식 하잖아. 차도 잘 만들 거야.

나은은 인터넷에서 자신이 제다 체험을 할 장소를 찾아봤다. 정말 예쁘고 깔끔한, 환상적인 차밭이었다. 자신이 가봤던 일본의 차밭과 비교해도 손색이 없었다. 환상적인 차밭 아래서 찻잎을 따는 사람들의 모습이 너무도 평화롭고 행복해 보였다. 나은은 하루하루 차밭으로 찻잎을 따러갈 시간만 기다렸다.

　드디어 그날이 왔다. 나은은 지정된 곳에 정차해 있던 버스에 올라탔다. 모두들 한껏 멋을 부리고 왔고, 기분도 좋아보였다. 하지만 그런 교육생들의 모습과는 다르게 선생님의 얼굴은 밝지 않았다. 나은은 제다 체험이 다 끝난 후에야 마치 관광을 가는 듯한 모습을 한 교육생들을 보고 선생님이 얼굴을 찡그렸던 이유를 알 수 있었다. 버스 안에서 차 선생님의 교육이 간단하게 이루어졌다.

선생님　여러분, 우선 차밭은 차를 가꾸는 농민들의 소중한 삶터라는 것을 기억해야 합니다. 찻잎을 딸 때 최대한 차밭이 훼손되지 않도록 조심해 주세요. 차나무가 손상되면 다음해에 차를 만들 수 없답니다. 그리고 손에 있는 반지를 빼고 화장품 냄새 같은 것을 깨끗이 없애야 합니다. 그래야 찻잎에 다른 불필요한 냄새가 배지 않기 때문입니다.

　차 선생님의 말씀과 상관없이 거의 모두가 깊은 잠에 빠져 있었다. 몇 시간이 흘렀을까. 멀리서 차 선생님의 목소리가 들려오는 것 같아 나은은 눈을 번쩍 떴다.

선생님　여러분, 지금 차의 고향 하동군에 왔습니다. 여러분 눈앞에 보이는 것이 바로 차나무입니다.

　버스 안에 있던 교육생들이 환호성을 질렀다. 차창 밖으로 우리나라를 대표하는 지리산이 보였고, 그 주변으로 올망졸망한 차밭들이 줄지어 있었다. 차밭 군데군데에는 긴 챙모자에 수건을 목에 감고 찻잎을 따는 사람들도 보였다. 드디어 차밭에 도착한 것이다.

채취된 찻잎들

섬진강의 모래톱은 아름다웠다. 그리고 도착한 곳이 바로 구례군에 있는 '혜우전통덖음차 제다교육원'이었다. '혜우전통덖음차 제다교육원' 원장은 혜우 스님이었다. 혜우 스님은 20년이 넘게 우리 전통덖음차의 비법을 차 농가들과 제다에 관심이 있는 사람들에게 교육하고 있는 분이었다.

찻잎따기

혜우 스님 여러분, 전통덖음차 제다교육원에 오신 것을 환영합니다. 이미 배우셨겠지만 차는 무척 예민하답니다. 찻잎의 채취부터 덖음까지 정신을 바짝 차리셔야 합니다.
교육생 제다 실습을 하기도 전에 너무 긴장이 되네요.
혜우 스님 그렇다고 너무 긴장하지는 마세요. 여러분들이 배울 것은 전통

찻잎을 따고 있다.

제다를 위해 대나무 소쿠리에 담긴 찻잎

차 솥에서 찻잎을 덖고 있다.

덖고 비비기를 통해 완성된 차

제다법에 따른 수제차를 만드는 것입니다. 지금부터 시작해 새벽까지 이어질 제다 교육에 만전을 기해주기 바랍니다. 찻잎의 채취, 솥 덖기, 가향처리까지 4명이 1조가 되어 작업을 할 건데 먼저 찻잎 따기부터 시작하겠습니다. 여러분들이 100그램 정도의 차를 만들어가려면 약 1킬로그램 정도의 찻잎을 따야합니다.

차밭은 가까운 곳에 있었다. 산비탈에 있는 자갈밭에서 일궈진 차밭이었다. 각자에게 대나무 소쿠리가 들려졌다. 차를 만들기 위한 첫 번째 미션은 대나무 소쿠리에 찻잎을 1kg 정도 따서 내려오는 단순한 것이었다. 모두들 찻잎을 채취하는 방법을 배운 다음 차밭으로 들어갔다. 나은은 한 소쿠리를 채우는 데 한 30분 정도 걸리겠거니 하고 생각했다. 이

런 쉬운 미션은 얼른 끝내야겠다고 생각했다. 다른 교육생들도 같은 마음이었다. 모두들 즐거운 얼굴로 찻잎을 따기 시작했다.

그러나 나은은 자신의 생각이 틀렸다는 것을 곧 알아챘다. 1시간, 2시간, 3시간이 지났을 무렵 겨우 소쿠리의 반을 채울 수 있었다. 1kg 정도 담을 수 있는 소쿠리를 다 채우려면 더 많은 시간이 필요했다. 오랜 시간이 지나 해가 중천에 떴을 때도 작업은 끝나지 않았다. 모두의 얼굴에 당혹감이 일기 시작했다. 참새의 혀처럼 작다는 뜻을 가진 '작설'의 의미를 그때서야 절감했다. 마치 먼지처럼 가벼운 찻잎은 계속 따도 늘 그대로 있었다. 모두 지쳐가고 있을 때 집합 종소리가 울렸다.

혜우 스님 여러분, 숙련된 분들이 찻잎을 따도 하루 2킬로그램밖에 딸 수가 없습니다. 그만큼 찻잎을 채취하는 게 어렵단 얘기죠. 차가 비싼 이유도 다 여기에 있습니다.

교육생 그럼 찻잎으로 어느 정도 양의 차를 만들 수 있나요.

혜우 스님 1킬로그램을 따서 겨우 100그램 정도를 만들 수 있고, 그것을 위해서도 많은 노동력이 필요합니다. 찻잎을 채취하는 건 어렵고 힘들다는 것을 아셔야 합니다. 여러분들 지금까지 딴 찻잎을 가지고 실습장으로 오세요.

찻잎덖기

모두 환호성을 질렀다. 나은 역시 즐겁게 차밭에서 내려와 교육장으로 향했다. 교육장에는 차를 만들기 위한 도구들이 준비되어 있었다. 무쇠솥, 솥 안의 찻잎을 뒤적일 때 사용하는 뒤집개, 솥에서 찻잎을 꺼낼 때 사용하는 건질 도구, 면장갑과 행주, 비와 멍석, 키와 고운 체, 소쿠리 등이었다. 나은에게는 모든 낯선 것들이었다.

혜우 스님 차를 만들 때는 첫째도 청결, 둘째도 청결,
셋째도 청결입니다. 여러분들이 한 해 동안 먹을 차
를 직접 만든다는 걸 명심하세요. 또 한 가지 더 명심할
것은 찻잎을 딸 때보다 제다가 더욱 어렵다는 것입니
다. 잠시 한눈을 팔면 여러분들이 하루 종일 딴 찻잎은
버려집니다. 고도의 집중력과 체력이 필요한 일이니까
지금부터는 정신을 바짝 차리세요.

　나은은 정신을 바짝 차렸다. 잠깐이라도 한눈을 팔면 오
전 내내 땄던 찻잎을 모두 버려야 한다고 생각하니 끔찍했다. 만약
차를 만들어가지 못하면 친구들한테도 망신이고 함께 온 교육생들에게
도 망신이었기 때문이다. 첫 번째 작업은 따온 찻잎을 깨끗한 천 위에서
선별하는 작업이었다. 솥에 불이 들어가고 드디어 첫 번째 덖음이 시작
됐다. 나은은 혜우 스님의 손놀림을 보기 위해 솥 주변에 바짝 붙었다.

혜우 스님 여러분, 지금 하는 것을 전문용어로 살청이라고 합니다. 나중에
보시면 알겠지만 찻잎을 그대로 노출시켜 두면 2~3시간 정도 흘렀을
때 찻잎이 붉게 변하는 것을 볼 수 있습니다.
교육생 찻잎이 붉게 변하는 이유는 무엇인가요?
혜우 스님 그것은 찻잎에 있는 산화효소활동을 정지시키지 못해 일어나는
것입니다. 살청은 바로 찻잎에서 일어나는 산화효소활동을 인위적으로
정지시키는 작업을 말합니다. 그리고 솥이 너무 뜨겁기 때문에 초보자들
은 손에 화상을 입기도 합니다. 여러분들도 이 점을 유념하기 바랍니다.

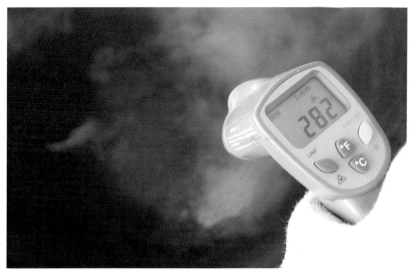
찻솥의 온도를 전자온도계로 측정하고 있다.

　　하얀 목장갑을 낀 혜우 스님이 찻잎이 쌓인 소쿠리를 들고 뜨거운 솥
앞에 섰다. 드디어 고대하던 제다 실습이 시작되었다. 긴장을 한 탓인지
나은이 숨을 꿀꺽 삼켰다. 어느 정도 시간이 지나자 솥이 달아올랐다. 솥
가까이에 위치해 있는 나은의 얼굴에 열기가 닿기 시작했다. 나은은 걱
정이 앞섰다. 저렇게 뜨거운 솥에 손을 넣어 찻잎을 덖는단 말인가. 혜우
스님이 솥의 온도를 측정하기 위해 레이저 계측기를 쐈다. 300℃. 정말
뜨거운 온도였다. 솥의 온도를 살펴보던 혜우 스님이 준비한 찻잎을 그
곳에 쏟아 부었다. 그 순간 나은은 깜짝 놀랐다. 솥에서 굵은 빗방울이
떨어지는 듯한 소리가 들렸기 때문이다.

혜우 스님　덖음차를 만들기 위한 가장 중요한 부분은 첫 번째 덖음에서 완
전하게 찻잎을 익혀주는 것입니다. 옛 속
담에 '될 성싶은 나무는 떡잎부터 알
아본다'는 말이 있죠? 찻잎을 익히는

차를 덖고 있다.

제다를 마친 차

것도 똑같습니다. 첫 번째 덖음에서 완전히 찻잎을 익혀야 제대로 된 덖음차를 맛볼 수 있습니다. 한 솥에 찻잎 약 2~3킬로그램 정도를 넣고 덖을 때, 솥의 온도는 섭씨 250도에서 350도 정도가 적당합니다.

혜우 스님의 손이 솥 안으로 쑥 들어갔다. 그리고 바쁘게 움직이기 시작했다. 솥의 뜨거운 열기가 느껴지지 않는지 찻잎을 자연스럽게 털어내면서 골고루 섞으며 부드럽게 익히고 있었다. 나은은 바쁘게 움직이는 혜우 스님의 손과 솥에서 눈을 뗄 수 없었다.

혜우 스님 찻잎을 덖다보면 언제 꺼내야 할 것인지가 가장 난감한데요, 찻잎이 뜨거워지면 김이 눈앞을 가려서 찻잎의 상태를 가늠하기가 쉽지 않기 때문입니다.
나은 찻잎의 상태를 알 수 있는 좋은 방법이 없을까요?
혜우 스님 있습니다. 차를 덖으면 찻잎이 솥 안에서 여러 가지 상태로 변합

제다 실습을 온 가족들이 멍석에서 찻잎을 비비고 있다.

니다. 찻잎이 뜨거워지면서 찻잎 속에 들어 있던 수분이 찻잎 밖으로 밀려 나오면 잎이 투명하고 번지르르해지면서 예쁘게 변하여 익은 것처럼 보이는데 그것은 아직 익은 상태가 아닙니다. 이때 다 익었다고 꺼내 비비면 찻잎 줄기들이 붉게 변해버립니다. 여기서 조금 지나면 차가 솥에 눋고 있는 것은 아닌가 할 정도로 갑자기 물기가 걷히면서 차의 모양새가 추해집니다. 이때 재빠르게 솥에서 꺼내야 합니다.

혜우 스님이 솥에서 빠르게 찻잎을 꺼내 펴놓은 멍석 위에 뿌렸다. 알수 없는 향긋한 냄새가 코끝을 자극했다. '맛있게 우려먹던 차맛'이 코에 그대로 전해졌다. 그제야 나은은 자신이 지금 차를 만들고 있음을 느꼈다. 혜우 스님은 멍석 위에 꺼내 찻잎을 두 손에 들어갈 만큼 적당히 쥐어 한쪽 방향으로 고루 비비기 시작했다. 그러자 신기한 일이 벌어지기 시작했다. 나은이 보던 차처럼 꼬불꼬불한 차가 손에서 떨어지기 시작했던 것이다.

찻잎이 타지 않게 빨리빨리 뒤집어주고 있다.

혜우 스님 솥에서 찻잎을 꺼낸 후 멍석 위에 뿌리면 찻잎이 고루 식습니다. 찻잎을 고루 식히는 것은 찻잎의 갈변을 막기 위해서입니다. 쉽게 설명하자면 우리가 나물이나 시금치를 끓는 물에 데칠 때 물에서 건져 바로 찬물에 담가 식히면 나물이나 시금치가 가지고 있는 엽록소가 갈변하는 것을 막아 푸른 색상을 유지시키는 원리와 같은 것입니다.

나은 온도를 차게 하여 식혀주면 된다는 말씀이신가요?

혜우 스님 아닙니다. 여기서 식힌다는 의미는 차게 한다는 의미가 아닙니다. 적당히 한 김 정도 식힌다는 것입니다. 식힌 찻잎을 두 손 안에 들어올 만큼 쥐어 한쪽 방향으로 고루 비벼야 합니다. 이 비비는 과정에서 잎이 말려 차 모양이 제법 갖추어지고 찻잎에 작은 상처를 내면 차가 잘 우러나는 것입니다. 잠시 비비면 찻잎의 진이 빠져 나오면서 차의 상태로 말려지는 것을 볼 수가 있습니다. 그리고 골고루 잘 비빈 다음 얇게 펴 널어서 찻잎을 식혀야 합니다.

명석에서 시선을 뗀 혜우 스님이 나은을 불렀다.

혜우 스님 나은 씨, 차를 덖은 솥을 닦아야 하는데 할 수 있겠어요? 차를 덖다보면 솥에 눌러 붙는 찻잎들이 있는데 그게 많아지면 찻잎을 덖는데 방해가 돼서 찻잎을 만들 수 없습니다. 그렇기 때문에 차를 덖은 솥을 깨끗하게 헹궈서 사용해야 하는 거죠.

나은은 멈칫했다. 저 뜨거운 솥을 무슨 재주로 씻는다는 말인가. 그것도 수세미를 사용하라니 난감하기만 했다. 나은은 차가운 물을 솥에 부었다. 순간 물이 사방으로 튀었다. 그렇게 두세 번 물을 쏟아 붓자 솥의 열기가 잠잠해졌다. 목장갑을 벗고 수세미로 솥을 닦기 시작했다. 물을 부어서인지 솥 안은 그리 뜨겁지 않았다. 나은은 바가지를 이용해 솥에 들었던 물을 퍼낸 후 깨끗한 수건으로 닦았다. 나은의 얼굴에 땀이 송골송골 맺히기 시작했다.

혜우 스님 잘했습니다. 그럼 두 번째 덖음으로 가죠. 식은 찻잎을 첫 번째 솥과 조금 낮거나 비슷한 온도로 덖어야 합니다. 통상적으로 200도에서 250도 정도가 적당합니다. 그런데 두 번째 덖음은 첫 번째보다 더 세심한 주의가 필요합니다. 한 번 덖어서 비비고 나면 찻잎에서 진이 나와 끈적끈적하기 때문에 처음보다는 솥에 많이 들러붙습니다. 그렇기 때문에 처음보다 솥에 들러붙은 게 많아져 덖는 데도 힘이 들고 찻잎도 눋기가 쉽습니다.
나은 아까보다 더 까다로운 작업 같은데요?
혜우 스님 네, 그래서 사람들이 두 번째 덖음을 피하려고 하는데 실제로는 온도가 높은 솥에서 덖어야 찻잎에 수막현상이 생겨서 그것이 솥에 잘 들러붙지도 않고 진도 덜 붙습니다. 두 번째 솥의 찻잎도 찻잎 자체의 수

140

뜨거운 솥에서 찻잎이 김을 내며 덖어지고 있다.

분으로 뜨거워져 손을 델 수 없을 정도까지 덖어야 합니다. 뜨겁게 덖지 않으면 덖어야 할 이유가 없습니다. 찻잎이 가지고 있는 성분에 어떤 변화가 있다면 바로 차가 가지고 있는 수분이 열로 뜨거워지면서 그 일이 이루어지기 때문일 것입니다.

나은　두 번째 덖음은 무척 중요한 과정이네요?

혜우 스님　그렇습니다. 두 번째 덖음을 제대로 하지 않으면 그 후 차를 완성했을 때 특유의 비린맛이 우러나오기도 합니다. 충분히 덖어준 뒤에 찻잎을 솥에서 꺼내 다시 한 김을 내보내며 식히세요. 여러분도 지금 눈으로 보고 있듯이 두 번째 덖음을 하다보면 찻잎이 뜨거워지면서 첫 덖음 뒤 말려 있던 찻잎이 다시 풀리는 것을 볼 수가 있습니다. 그래서 뜨거워진 찻잎을 꺼내 첫 번째처럼 한 김을 내보내고 다시 비비도록 합니다.

나은　첫 번째 비빔처럼 하면 되나요?

혜우 스님　그렇지 않습니다. 첫 번째 비빔과 같이 오랫동안 비비는 것이 아

세 번째 덖어지고 있는 찻잎들

니라 다시 완성차의 형태를 잡아 준다는 기분으로 비벼서 멍석에 얇게 펴 널어 식힙니다. 말리는 것이 아니라 식힌다는 것입니다. 그렇게 두 번째 덖음과 비빔이 끝나면 세 번째 덖음과 비빔으로 들어가야 하고요. 나은 씨는 준비하세요.

집중해서 실습 강의를 듣던 나은이 깜짝 놀랐다. 도대체 뭘 준비하라는 건지 등에서 땀이 날 정도였다.

혜우 스님 나은 씨, 아까처럼 솥을 깨끗하게 닦아내야죠. 눌어 있는 차를 제거하고 새롭게 차를 덖기 위해서는 되도록 솥을 덖을 때마다 닦아낸 다음 사용하는 게 좋습니다.

나은은 속으로 이렇게 힘들어서 어떻게 차를 만드나 하는 생각을 했다. 하지만 그러한 나은의 생각과는 다르게 두 번째 솥 청소는 쉽게 끝났다. 나은 역시 금방 요령이 생겼기 때문이다. 솥 청소가 끝나자마자 세 번째 덖음과 비빔이 이어졌다.

혜우 스님 세 번째 덖음을 위한 솥의 온도는 200도 정도가 적당하지만 그 날의 날씨 상태나 습도를 고려해서 모든 것을 조절해야 합니다. 이 세 번째 덖음도 가능한 뜨겁게 해야 합니다. 비빔은 두 번째처럼 일단 한 김을 내보내고 식혀서 찻잎의 형태를 잡아줘야 합니다. 차가 잘 말려졌다가도 솥에 들어가 뜨거운 열을 받으면 말렸던 게 풀리기 때문입니다. 잘 비빈 후 널어서 식히도록 하세요.

세 번째 덖음과 비빔이 끝나자 나은은 이제 다 끝났구나 생각했다. 그러나 그게 끝이 아니었다. 혜우 스님이 또 나은에게 손짓을 했다. 나은은 손가락으로 자신을 가리키며 '또요?'라는 표정을 지었다. 그런 나은의 표정에 아랑곳하지 않고 혜우 스님이 고개를 끄덕였다.

혜우 스님 이번에는 솥 안을 살펴보세요. 누른 찻잎이 없으면 이번엔 물을 붓지 말고 깨끗한 수건으로 한 번 닦으면 됩니다. 아마도 수분이 많이 제거된 상태라 눌러 붙은 불순물은 없을 겁니다.

나은은 솥 안을 들여다봤다. 혜우 스님의 말 대로였다. 솥 안은 두 번째 덖음 때보다 깨끗해져 있었다. 나은은 손을 솥 안으로 집어넣어 깨끗이 닦아냈다.

혜우 스님 여러분, 네 번째 덖음과 비빔으로 들어가겠습니다. 지금까지 덖음과 비빔을 통해 찻잎의 수분을 많이 줄였습니다. 차를 만드는 데 여러 방법이 있습니다만 보통 세 번의 덖음과 비빔으로 완성하는 분들이 있고, 저는 네 번의 덖음과 비빔을 한 후 마무리 처리를 합니다.

교육생 네 번까지 덖음을 하시는 특별한 이유가 있나요?

혜우 스님 네 번째까지 뜨겁게 덖고 나면 찻잎의 수분이 많이 줄고, 잎의 생김새도 제법 꼬들꼬들해지고, 또 색도 많이 짙어져 제법 차의 모양새를 하게 되죠. 잎 상태를 보고 찻잎이 부서지지 않게 비벼주세요. 그리고 마무리로 솥에서 찻잎을 살짝 볶도록 합니다. 이쯤 되면 찻잎이 마르면서 가루가 생기기 시작하는데요, 솥에서 꺼낼 때마다 체로 가루를 쳐 주어야 합니다.

교육생 체로 가루를 쳐 주면 무엇이 좋은가요?

혜우 스님 가루를 쳐 주지 않으면 가루가 쉽게 열에 반응을 해 타기 때문입니다. 이 과정을 소홀히 하면 차에 탄내가 배어 질을 떨어뜨리니 주의하세요. 이 과정을 차가 완전하게 마를 때까지 반복하는데 엄지와 검지로 차를 집어 으깨서 그것이 가루가 되면 바싹 마른 것이라고 할 수 있겠습니다.

교육생 솥의 온도는 어느 정도로 맞추어야 하나요?

혜우 스님 솥의 온도는 손을 살짝 댈 수 있는 정도로 합니다. 저는 통상 이 과정을 세 번에 걸쳐 시행한답니다. 이때 가장 중요한 것은 시간과 불의 세기에 따라 자신의 원하는 향과 맛을 찾아야 한다는 것입니다. 이제 제다의 기본이 끝났으니 실습으로 들어가겠습니다.

나은은 깜짝 놀랐다. 아침이슬을 맞고 시작한 제다 실습이 오후 3시를 넘기고 있었다. 그런데 쉬지 않고 바로 제다 실습이라니 교육생들의 얼굴에서 낭패감이 엿보였다. 그때 누군가 손을 들며 "스님! 밥 먹고 해요!"라고 외쳤다.

혜우 스님 안 됩니다. 여러분들이 따온 찻잎으로 제다 실습을 하려면 밥을 먹을 수 없습니다. 지금도 여러분이 따온 찻잎은 발효되고 있기 때문에

밥을 먹고 오면 좋은 차를 만들기 어렵습니다. 지금 바로 제다 실습에 들어가야 제대로 된 차를 만들 수 있습니다. 좋은 녹차를 만든다는 게 이렇게 어려운 것입니다. 일단 찻잎을 채취하면 멈추지 않고 작업을 해야 원하는 차를 얻을 수 있습니다.

다들 어쩔 도리가 없었다. 곧 3명이 1조가 되어 제다 실습에 들어갔다. 나은이 가장 처음으로 덖음을 시작했다. 장갑을 낀 손을 솥에 넣으며 두려움을 느꼈다. 뜨거운 열기가 얼굴에 닿았다. 찻잎을 쏟아 부은 나은은 찻잎이 타지 않도록 정신없이 차를 볶기 시작했다. 정신없이 차를 볶다보니 그만하라는 소리가 들려왔다. 순식간에 5~6분이 지나가 버렸다. 다음은 비비기 차례였다. 비비기를 시작하니 찻잎이 조금씩 마르고 있다는 느낌이 들었다. 네 번째 덖음과 비빔 후 마무리 작업까지 시간이 어떻게 흘렀는지 알 수 없었다. 나은의 이마에 땀이 송골송골 맺히기 시작했다. 혜우 스님이 다가와 수건으로 그 땀을 닦아 주었다.

혜우 스님 여러분, 제다하는 사진을 보면 가끔씩 이마에 수건을 동여맨 이유를 이제 잘 알겠죠? 차를 하다보면 덥고 땀이 많이 납니다. 자칫 잘못해서 땀이 차에 떨어지면 그 차는 버리는 수밖에 없기 때문에 수건으로 이마를 묶고 하는 거죠. 멋으로 수건을 매는 게 아니라.

제다 실습이 끝나자 밖은 이미 어두워 있었다. 모두 녹초가 되어 땅바닥에 주저앉았다. 그러나 나은은 신기했다. 수북했던 찻잎이 한 줌도 안 되는 차로 자신 앞에 놓여 있었기 때문이다.

혜우 스님 여러분, 이게 끝이 아닙니다. 이제 여러분이 만든 차를 시음해야죠. 시음장으로 가서 차맛을 한번 보겠습니다.

차 시음

　나은도 자신이 만든 소중한 차를 들고 차를 맛볼 수 있는 시음장으로 향했다. 모두 자리에 앉자 혜우스님이 나은의 팀을 기준으로 정했다. 나은은 자신이 배운 대로 찻물을 끓여 다관에 붓고 우려냈다. 혜우스님이 우려낸 차를 마셨다.

혜우 스님　대체로 잘 만들었네요. 처음 만든 것 치고는 맛과 향이 좋습니다. 차의 맛과 향은 개인적인 취향에 따라 호불호가 나뉘지만 나쁜 차에 대한 구분은 공통적이라 할 수 있습니다.

나은　나쁜 차는 어떤 맛인가요?

혜우 스님　비릿한 풋향이 나는 게 설익은 거고, 구수한 맛이 나는 게 눌은 경우가 되기 때문에 이것이 제대로 제다되지 않았구나 하는 것을 알아야 합니다.

나은　그럼 맛이 좋지 않은 차를 고쳐서 먹을 방법도 있겠네요?

혜우 스님　며칠 지나서 밀봉해놓은 차를 풀어보면 차맛이 예상했던 범위에서 빗나갈 때가 있는데, 이때는 몇 번이고 차를 솥에 계속 넣어서 원하는 향과 맛을 찾아야 합니다. 덧붙이자면 차는 봄철 한 번만 나기 때문에 숙련된 기술을 쌓기가 힘듭니다. 보통 차를 만드는 사람이 자신의 제다 경력을 몇 년쯤 된다고 자랑하기도 하는데 그건 자랑할 일이 아니에요. 일 년에 두어 솥 정도 만드는 걸 몇 십 년 동안 한다고 차를 잘 만들 수는 없지 않습니까? 적어도 봄철에 20여 솥 이상의 분량을 지속적으로 만들어야 차를 좀 만들어봤다고 할 수 있을 겁니다. 여러분, 차 만들어 먹을 만한가요?

　나은을 포함한 모두는 대답 대신 지친 표정을 지었다. 100g의 차를 만들기 위해 10시간이 넘도록 물만 마시고 일을 했기 때문이다.

혜우 스님 녹차는 하루 안에 완성해야 합니다. 여러분께서는 각자 먹을 정도의 양만 만들었지만 전문적으로 제다를 하시는 분들은 한번 시작하면 몇 십 킬로그램씩 하기 때문에 하루에 2~3시간 정도 자면서 한두 달 내리 고생하기도 합니다.

나은 차를 만드는 일이 그토록 고된 노동을 요하는 것인줄 몰랐습니다.

혜우 스님 그러니 우리 전통덖음 녹차가 비쌀 수밖에 없는 거죠. 잎을 따고 덖고 그리고 완성할 때까지 돈으로 계산할 수 없는 공력을 쏟아야 합니다. 여러분, 정말 수고하셨습니다. 그리고 솥에서 찻잎을 직접 덖은 분들은 먹고 남은 찻물로 손을 좀 담그시기 바랍니다. 화상을 입은 곳이 있을 겁니다.

나은 제 손도 그러고 보니 열기가 배어 있는 것 같아요.

혜우 스님 그러실 겁니다. 그리고 여러분, 먹고 남은 찻물이나 찻잎을 절대 함부로 버리지 마세요. 똑 부러지는 찻물 사용법이 따로 있습니다. 제가 가르쳐 드리는 찻물 사용법을 알고 사용하시면 좋을 겁니다.

혜우 스님의 말에 나은은 자신의 손을 살펴보았다. 손이 벌겋게 익어 있었다. 긴장이 풀린 나은은 그제야 손이 화끈거리고 욱신거리는 것을 느꼈다. 300℃ 가까운 솥에 손을 집어넣고 찻잎을 볶았으니 어쩌면 당연한 결과였다. 그런데 너무 피곤했던 탓일까. 다들 밥을 먹자마자 일제히 곯아떨어졌다. 다음날에는 우리 차의 성지인 해남 일지암으로 가는 차 문화 답사 일정이 잡혀 있었기에 나은도 얼른 잠을 청했다.

혜우 스님이 추천하는
똑소리 나는 찻물 활용법

◆ 버리는 찻물로 스킨 만들기

1 버리는 찻물을 깨끗이 거른다. 불순물을 제거한 후 알코올을 약간 섞는다(깨끗한 찻물은 바로 냉장고에 넣어두었다가 사용해도 되는데 일주일 이상 방치해 두어서는 안 된다).

2 알코올을 넣은 찻물을 냉장고에 하루 이상 저장해둔다(이때 알코올이 없으면 청주나 소주를 섞어 사용해도 되는데, 한 병을 사서 전체의 1/10을 넣으면 된다).

3 뛰어난 보습효과를 지닌 화장수를 만들려면 글리세린을 첨가하도록 한다. 글리세린은 글리세롤이라고도 하는데 화학 구조를 조금만 바꿔 가공하면 다이너마이트로 변하는 물질이지만 주로 보습용 화장품을 만드는 데 사용된다. 무색투명 하며 약간의 점성이 있어 수분을 흡수·저장한다.

4 번들거리는 것을 싫어할 경우 찻물에 글리세린만 넣어서 써도 효과가 있다.

◆ 찻물로 팩하기

녹차에 있는 비타민 A와 타닌 성분은 피부 점막 세포를 건강한 상태로 유지시킴으로써 피부 탄력을 높인다. 비타민 A와 B2는 여드름을 가라앉히고 피부를 진정시킨다. 비타민 C가 풍부한 녹차는 미백효과가 뛰어나 기미·주근깨 형성을 억제하고, 살균작용을 통해 맑고 깨끗한 피부를 만들어준다. 또한 피부노화의 원인인 유해산소를 제거함으로써 피부를 젊게 가꾸어주고 토코페롤과 아미노산을 다량 함유하고 있어 보습효과 또한 뛰어나다.

1 메이크업을 지운다.

2 세면대에 부은 녹찻물을 얼굴에 가볍게 두드려 발라 스며들도록 한다.

3 퍼프에 녹차물을 적셔 얼굴에 얹고 팩을 한다.

4 팩을 한 상태로 5분이 지나면 퍼프를 떼어내고 찬물로 가볍게 씻는다.

◆ 찻물 족탕으로 스트레스 날리기

모든 피로와 스트레스가 몰리는 곳 가운데 하나가 발이다. 그래서 족욕을 하는 것만으로도 스트레스를 해소하고 피로를 푸는 데 많은 도움이 된다. 찻물을 이용한 찻물 족탕을 하면 혈액순환이 잘 되고 머리가 맑아져 스트레스를 해소할 수 있다.

1 큰 냄비에 발목이 잠길 정도로 물을 붓는다.

2 녹차 30g과 죽염 또는 왕소금 두 큰 술을 넣어 10분 정도 끓인다.

3 끓인 찻물을 대야에 붓고 발을 담근다. 족탕을 하는 동안에도 찻잎을 계속 끓여 물이 식으면 교체한다.

4 온몸이 달아오르면서 오장육부가 따뜻해지고 코에 땀이 맺힐 때까지 족탕을 한다.

◆녹차목욕으로 건강 지키기

녹차에는 아로마 테라피 효과가 있다. 녹차의 은은한 향기는 심신의 피로를 풀어주고, 녹차목욕
은 땀 냄새 제거에 효과적이다. 계절에 상관없이 땀이 많이 많은 사람에겐 몸에서 나는 냄새를
제거해주는 효과가 있으니 한 달에 두 번 이상 녹차 목욕을 해보자.

1 구멍이 난 베주머니에 말린 찻잎을 넣고 욕탕에 더운 물을 받아 담가두면 향긋한 향기와 함께 황록색 빛깔이 우러난다.

2 차 주머니를 너무 오래 담가두면 물이 탁해지므로 적당한 시점에 주머니를 꺼낸다.

3 물의 온도는 37~40℃로 맞추고 탕 속에 10분 정도 몸을 담근다.

4 탕에서 나와 주머니 속에 든 찻잎을 꺼내 온몸에 마사지하듯 문질러 주면 혈액순환에도 도움이 된다.

◆햇볕에 그을린 피부에는 차 얼음 마사지

차의 타닌 성분은 피부를 진정시키는 효과가 있다. 여름철 바캉스를 갔다 돌아오면 그을린 피
부가 화끈거려 고생을 하게 되는데, 이때 찻물을 얼린 차 얼음 마사지를 해보자.

1 녹차 50g에 물 2컵을 부어 5분 동안 끓인다.

2 찻잎은 건져내고 찻물은 냉동실에 넣어 얼린다.

3 필요할 때 얼음을 꺼내 거즈에 싸고 그을린 피부에 문지르면 금세 피부 트러블이 진정되고 모공 또한 수축되어 탱탱한
피부를 유지할 수 있다.

◆찻물로 무좀 치료하기

녹차에 들어있는 카테킨은 수돗물이나 세제 등의 해로운 물질을 제거하는 작용을 하기 때문에
연약한 피부를 보호하는 동시에 살균작용을 하여 비듬이나 무좀 치료에 탁월한 효과를 발휘한
다.

1 뜨거운 물로 발을 깨끗이 씻는다.

2 식초를 넣은 미지근한 물에 발을 담근 후 우려 마신 녹찻잎으로 무좀이 심한 부위를 꼼꼼하게 문질러준다.

3 찻물로 발을 여러 번 헹궈 무좀과 발 냄새를 동시에 제거한다.

◆찻물로 냄새 제거하기

손에 음식 냄새가 배어 있을 때 찻물을 이용하면 좋다. 전자레인지나 냉장고처럼 음식 냄새가

쉽게 배는 전자제품에도 마찬가지다. 녹차나 홍차를 우려 마신 다음 그 잎을 그릇에 넣고 물을 반쯤 부은 다음 그것을 개봉 상태에서 전자레인지로 3분 정도 가열하면 냄새가 사라진다.

1 차를 우린 잎이나 말린 찻잎을 진하게 끓여 식힌다.
2 수건을 찻물에 적셔 냉장고와 전자레인지를 구석구석 닦는다.
3 청소한 냉장고 바닥에 비닐을 깔고 말린 찻잎을 깔면 음식 냄새가 쉽게 배지 않는다.

◆찻물로 머리감기

찻물로 머리를 감으면 비듬으로 고생하는 일이 없다. 비듬은 건성 피부, 심한 변비, 스트레스 등이 주요 원인이지만 지방질이 많은 음식의 다량 섭취도 비듬 증가의 원인이 된다. 두피를 손상시키지 않으면서 비듬을 없애는 방법으로 찻물을 이용해 보자. 녹찻잎에서는 모공을 조여주는 타닌과 세정력이 우수한 프로보노이드 성분이 있어서 뜨거운 물에 우려낸 차로 두피를 문지르면 머릿결도 부드러워지고 윤기가 생긴다. 방법은 간단하다. 머리를 감을 때 미리 우려놓은 찻물로 헹궈주기만 하면 된다.

❖ 전국제다체험장 소개

헤우전통덖음차제다교육원
010-9308-7979

제주농업생태원
제주 서귀포시 남원읍 하례리 1558 | 064-733-5959

설아다원
전남 해남군 북일면 흥촌리 1256-3 | 061-533-3083

백운산야생차체험장
전남 광양시 옥룡면 동곡리 | 061-797-3324

매암제다원
경남 하동군 악양면 정서리 293 | 055-883-3500

하동차문화센터
경남 하동군 화개면 운수리 897-1 | 055-880-2895

다압농업협동조합
전남 광양시 다압면 고사리 1395-2 | 061-772-4006

대한다업보성다원
전남 보성군 보성읍 봉산리 1291 | 061-852-2593

고려다원
경남 하동군 화개면 덕은리 200-1 | 055-883-2270

도심다원
경남 하동군 화개면 정금리 577 | 055-883-2252

비주제다
경남 하동군 화개면 용강리 158 | 055-883-1696

명인다원
경남 하동군 화개면 322-5 | 055-883-2216

한밭녹차원
경남 하동군 화개면 부춘리 844 | 055-883-2288

몽중산다원
전남 보성군 보성읍 봉산리 1212-5 | 061-852-2255

보성제다영농조합
전남 보성군 미력면 도개리 762-4 | 061-853-4116

봇재다원
전남 보성군 회천면 영천리 1-7 | 061-853-1117

6

한국의 가볼 만한
차실 및 차 문화 기행

한국차의 성지, 해남 대흥사 일지암

　나은은 일찍 잠에서 깼다. 모두들 전날 있었던 제다 실습의 피로를 뒤로 한 채 버스에 올랐다. 버스는 한국차의 성지인 해남 대흥사 일지암으로 향했다. 차창 밖으로 순수한 남도의 산들이 연달아 나타났다. 버스 안에서 차 선생님이 간단한 교육을 시작했다.

<u>선생님</u>　일지암은 한국차의 중흥조인 초의 스님께서 머물며《동다송》을 집필한 곳입니다. 그래서 현대 한국차인들은 일지암을 한국차의 성지로 부르고 있습니다. 이곳은 한국의 다성으로 불리는 초의 스님께서 40여 년간 다산 정약용, 추사 김정희, 해거도인 홍현주 등과 함께 우리의 다도와 문화를 논했던 곳이기도 합니다. 초의 스님이 이곳을 '일지암'이라 부른 것을 보면 이 분의 차 정신과 차 생활을 단번에 알 수 있습니다.

한국의 다성 초의 스님이 머물
며 《동다송》을 집필한 한국차의
성지 일지암

<u>나은</u>　일지암이란 이름에 특별한 의미가 있나요?

<u>선생님</u>　일지암—枝庵이란 이름은 장자가 지은 《남화경》 소요유 편에 '뱁새
는 잘 때 한 가지에서만 자고 다람쥐는 물을 마실 때 배를 채우지 않는
다', 그리고 《한산시》에 '뱁새는 항상 한마음으로 살기 때문에 나무 한
가지만 있어도 편안하다'는 구절에서 따온 것이라고 합니다. 초의 스님
께서는 검박한 차의 살림살이를 이렇게 상징적으로 표현하신 겁니다.

　일지암은 해남 땅 끝에 있는 대흥사 산내 암자였다. 대흥사는 남도의
포근한 기운을 그대로 담고 있는 큰 절이기도 하다. 대흥사를 지나 30분
정도 산길을 걷자 한국차의 성지로 불리는 일지암 초당이 모습을 드러냈
다. 나은의 눈에 들어온 일지암은 3~4평 남짓한 작은 초가집이었다. 볏
짚을 엮은 초가에 마루는 대나무로 엮어 밖에 매달아 놓았다. 그리고 그
초당 옆에는 추사의 아버지 김노경이 찬탄한 그 유명한 '유천'이 있었다.
나은은 바위틈 사이로 졸졸 흐르는 유천의 물을 작은 표주박으로 떠 한

입 털어 넣었다. 미끈하면서도 부드러운 맛이 일품이었다. 혀끝에서 느껴지는 청량한 기운이란 게 무엇인지 나은은 알 수 있을 것 같았다.

이곳 일지암에 대한 기록을 살펴보면 '장춘동은 해남 남방 20리 두륜산 일맥 용과 호랑이 상으로 형성되어 있는데 산맥은 십구요, 계곡은 구곡이다. 대흥사의 남방이요, 북암에서 볼때는 서쪽이요, 남암에서 볼 때는 북쪽, 이곳에 초당을 지었으니 이름이 일지암이다. 삼간 초당에는 초의 스님과 동자 한 사람, 법상法床에는 금으로 도금된 부처 일좌一座, 아침저녁의 목탁소리, 샘물과 수목이 의지하고 죽림의 바람소리는 가야금소리 같다. 축대를 쌓아 과원果園을 만들고 석간石澗에서 나오는 물은 죽관으로 받아 차를 끓인다. 남은 물이 괴인 곳에 연못을 만들어 연못 위에는 나뭇가지를 얽어 포도넝쿨을 틀어 올리고 정원주변은 수석으로 갖추었다'고 되어 있다.

나은은 한 폭의 수묵화 같은 일지암의 모습에 감탄을 금치 못했다. 초의 스님이 차를 한 잔 마시며《동다송》집필에 힘쓰는 모습이 머릿속에 그려졌다. 나은은 일지암의 모습에서 '무소유'란 말이 떠올랐다. 한 평을 조금 넘을 듯한 작은 초당, 이불 한 채, 죽간을 타고 흐르는 유천과 함께 현실 삶의 경계에서 당당하게 살았던 초의 스님을 생각하니, 하루하루 욕심 부리며 살아가는 자신의 모습이 부끄럽게 느껴졌다. 차를 좋아해 차를 구걸했던 다산 정약용의 걸명소乞茗疏도 생각났다. 차를 좋아했던 다산 정약용[1]은 1805년 겨울 아암 혜장스님에게 차를 구걸하는 편지를 썼다.

"내가 요새 차에 걸신이 들려 차를 약으로 하고 있다오. 다서 중에 중요한 것은 육우의《다경》3편에 능통해야 하고, 병든 주제에 꿀떡 꿀떡 노동의 일곱 잔을 다 마시고 있소. 비록 정력이 가라앉고 기력이 없어진다는 기모경의 말을 잊지 않고, 소화를 돕고 기미가 없어진다고 해서 이찬황의 버릇

만 생겼소. 아침에 일어났을 때, 맑은 하늘에 구름이 둥실 떴을 때, 낮잠에서 깨어났을 때, 밝은 달이 시냇가에 떠 있을 때, 한 잔의 차가 목마르다오. 바람 부는 산, 등잔 밑 따끈한 차 한 잔은 자순의 향이요, 물을 긷고 불을 지펴 마당에서 달인 차는 백토(白土)의 맛이지요. 홍옥잔의 사치는 부호노공에 미칠 수 없고, 돌솥에 푸른 연기 지피는 검소는 한비자를 따를 수 없소, 게 눈이니 고기 눈이니 하는 옛사람들의 완호는 부질없고, 궁궐의 용단봉단은 너무 심한 사치라오. 땔감 나무조차 하지 못할 깊은 병이 들어, 부끄러움을 무릅쓰고 차를 얻고자 할 뿐이요. 살짝 훔쳐 듣건대, 고해의 다리를 건너는 데는 스님들의 보시기 제일이고, 명산 고액인 서초의 우두머리인 차를 살짝 베풀어 주시는 것이라 했소. 목마르게 바라노니, 부디 그 은혜를 아끼지 마옵소서."

나은은 갑자기 자신이 한심하게 느껴졌다. 별 다방, 콩 다방에서 차를 마시고 수다를 떨며 명품 핸드백을 사기 위해 적금을 붓고 있는 모습이 떠올랐기 때문이다. 다산과 같은 개혁적 지식인이 욕심을 부렸던 것은

세상의 권력도 돈도 아니었다. 밝은 달이 떠 있는 시냇가에서 마실 수 있는 한 잔의 차뿐이었다. 다산이 한 잔의 차에 세상과 우주를 담았음을 희미하게 느낄 수 있었다.

선생님 우리 차 문화의 역사는 매우 깊습니다. 오늘 일지암을 보셨지만 우리나라에는 우리나라 차의 정신과 문화를 담아낸 대표적인 차실들이 있습니다. 오늘 보신 일지암을 비롯해 다산 정약용이 살던 전남 강진의 다산 초당, 전남 진도의 운림 산방[2], 강릉 선교장의 활래정[3]등은 우리나라의 차 문화를 대표하는 차실들입니다.

나은 그렇다면 외국과 비교했을 때 한국 차실만의 특색이 있는 건가요?

선생님 우리의 차실은 문화 예술 사상 멋 풍류 그리고 예와 법과 도를 논했던 풍성한 자리였으며 자연을 벗삼아 노니는 풍류의 한마당이었습니다. 그래서 우리의 차실은 자연의 차실이라고도 부릅니다.

나은을 비롯한 일행은 일지암의 자우 홍련사에서 차를 한 잔 마실 수 있었다. 일지암을 지키던 암주 스님이 공부에 열을 올리고 있는 나은 일행을 보고 차를 대접하기로 한 것이었다. 암주 스님은 나은에게 유천의 물을 길어오는 영광스런 일을 시켰다. 나은은 마치 로또 복권에 당첨된 것처럼 기뻤다. 한국차의 성지인 일지암에서 그것도 최고의 찻물로 꼽히는 '유천'의 물을 떠오는 중요한 역할을 맡았기 때문이다. 나은은 조심스럽게 물항아리에 유천의 물을 붓고 그것을 옮겼다. 그런데 이게 웬일인가. 물을 너무 많이 채운 탓에 물이 항아리 밖으로 넘쳐 자우 홍련사 찻자리를 적셨던 것이다.

나은 죄송합니다, 스님. 너무 많은 물을 따라서 넘쳐 버렸습니다.

암주 스님 음, 과유불급이라는 말이 생각나네요. 뭐든지 너무 과하면 좋지

다산 정약용

추사 김정희의 제자였던 소치 허련이 진도에 내려와 지은 화실 겸 차실인 운림산방

1 다산(茶山) 정약용(丁若鏞 1762-1836) 조선 후기 학자. 호는 다산(茶山), 삼미(三眉), 여유당(與猶堂)으로 초의 스님, 추사 김정희와 함께 조선 시대를 대표하는 차인이기도 하다. 다산은 1805년 10살 아래인 아암(兒庵惠藏)스님에게 주역과 실학을 가르쳤고, 아암은 다산에게 차에 대한 것을 알려줬다. 다산은 노동의 시와 육우의 《다경》 같은 책을 통해 찻물을 끓이는 법, 다완, 용봉이나 봉단 같은 고급차에 이르기까지 다사(茶事)에 관한 해박한 지식을 갖고 있었다. 그는 자신이 직접 차를 만드는 법을 알고 있었고, 주민들에게 제다법을 가르치기도 했다. 다산은 강진에서 찻잎을 쪄서 말려 작은 병차로 만드는 법을 가르쳤고, 그 차는 만불사의 찻잎으로 만들었다고 해서 만불차라고도 불렸다. 다산 정약용이 유배생활을 끝내고 강진을 떠날 때 마을청년들이 중심이 되어 '다신계(茶神契)'를 조직, 차를 만들어 마시며 신의를 지켜나가도록 그에게 절목을 만들어주기도 했다. 차에 관한 저서로는 《경세유표(經世遺表)》의 각다고(榷茶考), 《여유당전서(與猶堂全書)》의 '차시(茶詩)', '다합시첩(茶盒詩帖)', 《아언각비(雅言覺非)》의 '차조(茶條)', '차문답(茶問答)', '다신계절목(茶神契節目)' 등이 있다.

2 소치와 운림산방 소치 허련(1809-1892)의 본관은 양천, 자는 마힐, 호는 소치 또는 노치다. 전남 진도 출생으로 어린 시절 해남의 윤선도 고택에서 공재 윤두서의 작품을 본떠 그리면서 전통 화풍을 익혔다. 32세 때 초의 스님 소개로 추사 김정희의 제자로 입문했다. 이때 김정희가 그의 호 소치를 지어주었으며 '소치 그림이 나보다 낫다'며 칭찬을 아끼지 않았다. 41세 때 낙선재의 헌종 앞에 나아가 임금의 벼루에 있는 먹을 찍어 그림을 그렸다. 궁중화가가 된 소치는 벼슬이 지중추부사에 이르렀으며 글, 그림, 글씨를 모두 잘해 삼절로 칭송됐다. 특히 묵죽을 잘 그렸을 뿐만 아니라 추사체도 매우 잘 썼다. 1856년 그의 스승이었던 추사 김정희가 세상을 떠나자 소치는 고향인 진도로 돌아와 운림산방을 짓고 여생을 보냈다. 운림산방은 이후 소치, 미산, 남농, 임전으로 이어지는 한국남화의 본거지 구실을 했다.

3 선교장 활래정(活來亭) 강원도 강릉시 운정동에 있는 선교장 활래정은 대문 밖 선교장 입구에 있는 큰 연못 옆에 세워진 정자로서 연못 속에 돌기둥을 세워 주위에 난간을 돌렸으며 팔작지붕에 겹처마의 납도리집으로 우리나라를 대표하는 전형적인 차실로 잘 알려져 있다.

않습니다. 초의 스님께서 말씀하신 차의 정신이 중용임을 잊지 않길 바랍니다.

나은 네, 명심하겠습니다.

암주 스님 여러분도 잘 아시겠지만 이곳은 한국의 다성 초의스님이 계셨던 곳입니다. 한·중·일 동양 삼국이 세계적으로 차 문화가 발달한 것은 초의, 육우[4], 센리휴[5] 등의 다성이 있었기 때문입니다. 여기서 동양 3국의 차 문화가 어떻게 성립되었고 어떻게 다른지 이해할 수 있는 역사적 실마리를 찾을 수 있습니다.

나은 초의 선사께서 한국의 다성으로 불리게 된 계기가 있나요?

암주 스님 그것은 초의 선사께서 우리 차 문화의 뿌리를 확인시켜주는 《동다송》과 《다신전》이라는 노작을 남겼기 때문입니다. 초의 스님께서는 모두 31구의 송으로 되어있는 동다송을 통해 차의 기원과 차나무의 생김새, 차의 효능, 제다법 등 우리 차의 우월성을 노래하고 계십니다. 또한 차나무를 직접 심고 길러 찻잎을 따본 경험을 바탕으로 덖고 건조시키는 제다법을 이용, 우리 차의 공과 덕을 찬양하는 불세출의 노작을 남기셨습니다.

나은 그럼 중국의 다성 육우는 어떤 인물인가요?

암주 스님 육우는 《다경》을 통해 중국차에 대한 모든 지식과 이론들을 담아내셨습니다. 센리휴 역시 마찬가지입니다. 센리휴는 일본의 다도정신인 와비차를 완성해 오늘날 일본의 차 문화를 만들어냈습니다. 그래서 역사가 중요한 것입니다. 역사란 그 역사적 사실을 검증할 수 있는 공개

중국 육우

한국 초의 스님

일본 센리휴

4 육우(陸羽. 733~804) 중국 차 문화의 기초를 확립한 육우는 죽은 후 '다신'(茶神), '다성'(茶聖), '다선'(茶仙)이라고 불렸다. 육우의 차 문화는 유교사상을 중심으로 도교, 불교의 정화도 받아들이면서 조화와 평정을 기본으로 하고 있다. 육우는 다예를 창조하고 의식과 도구를 통해 차의 정신을 표현했다. 육우의 명성은 중당(中唐) 이후 차인(茶人)이나 문인 (文人)은 물론 승려, 관료로까지 널리 알려졌다.

5 센리휴(1522~1591) 일본의 독특한 다도이론을 정립하고 새로운 다풍 을 성립시킨 인물이다. 센리 휴는 다다미 스무 장 넓이의 넓고 화려한 서원차의 차실 대신 두세 사람이 무릎을 맞대고 겨우 앉아 차를 마실 수 있는 초암 차실을 완성했다. 그는 막부시대의 최고막부들이었던 오 다 노부가나와 도요토미 히데요시의 차 선생이었다. 센리휴는 '볏짚으 로 이엉을 만들어 덮는다, 차실 내부는 모두 흙벽으로 한다, 천장은 낮 아서 손을 위로 뻗으면 닿게 한다, 차실의 크기를 더욱 줄인다' 등 초암 즉 차실을 짓는 원칙을 만들었다. 이같은 센리휴의 초암차 정신을 가장 잘 집대성해 놓은 곳이 바로 야마자키의 묘희암 안에 있는 차실 타이안 이다.

6 다신전(茶神傳) 한국차의 중흥조이며 다성인 초의 스님이 43세 때인 1828년 지은 노작(勞作)이다. 지리산 칠불선원에서 소장되어 있던 청나 라 모환문(毛煥文)이 엮은 《만보전서(萬寶全書)》의 《다경채요(茶經採要)》 에서 베껴 45세 때인 1830년때 발문을 쓰고 여기에 《다신전》이라는 제 목을 붙였다. 그 원본은 명나라 사람 장원의 《다록(茶綠)》으로 추정된다. 《다신전》은 차에 관한 기록으로 그 내용을 보면 찻잎 따기, 차 만들기, 물 끓이기, 차 보관하기와 다구들에 이르기까지 22개 항목을 나누어 알 기 쉽게 꾸몄다.

7 다경(茶經) 전문(全文) 약 7000자(字)로 육우가 편찬한 《다경》(780년 경)은 당대(唐代)와 당대 이전의 차에 관한 과학적 지식과 실천경험을 체계적으로 정리해 중국차 문화의 기초를 확립했다. 1200년 동안 많은 사람들에게 읽혀온 《다경》은 단순히 차의 종류나 마시는 방법을 말한 표면적인 사항을 정리한 책이라기보다는 '차의 정신'을 중요시하고 있 다. 육우가 확립한 다학(茶學) · 다예(茶藝) · 다도(茶道)의 사상과 그것을 정리한 《다경》은 시대를 초월한 차의 명작으로 널리 사랑받고 있다.

된 것들을 만들어낼 때 역사로서 인정받는 것입니다. 오늘의 일지암과 한국의 다성 초의 스님도 그렇지요. 오늘 여러분께서 마시는 차는 바로 일지암에서 만든 초의 스님의 차랍니다.

일지암 암주 스님이 유천으로 우려낸 차맛은 일품이었다. 일지암 암주 스님이 일지암 차밭에서 딴 찻잎을 일지암 차솥에서 초의 스님의 제다법으로 덖어낸 것이 우리에게 온 것이었다. 자우 홍련사에서 맛보는 차의 맛은 향긋하고 감미로웠다. 나은은 비로소 차를 마시는 이유를 어렴풋이 알게 되었다. 이렇게 아름다운 차실에서 마시는 차는 '감로수'와도 같았다. 다들 그 맛에 취했는지 아무 말도 없었다. 이윽고 암주 스님이 초의 스님의 '차시' 한 수를 읊었다.

일생 동안의 공부 금년에 끝났으니
북창 맑은 바람에 낮잠 한숨 잔들 어떠리
북병산 외로이 물속에 잠기고
황효강 물빛은 하늘 끝에 연하였네
경상 옆 차 부뚜막에 봄바람 불제
약가루 향에 취하였네
이미 지공의 실상을 믿기에
떠드는 것 고요한 것 모두 선이 되는 것을

그날 나은은 일지암에서 많은 것을 느꼈다. 우리 차 문화의 아름다움 뿐 아니라 우리 차의 깊고 넓은 맛을 알 수 있었다. 또한 충담, 원효, 김시습과 같은 수많은 차인들은 물론 강원, 경기, 충청, 제주, 경남, 경북 등 전국에 걸쳐 차 문화 역사 유적지가 있다는 사실도 알게 되었다. 이와 같은 차 문화를 지키기 위해 많은 차인들의 헌신이 이어져 왔던 것이다.

남양주 수종사

김해 장유사

해남 미황사

고창 선운사 차밭

가볼 만한 한국 차 문화 유적지

강원도

- **오대산서대염불암우통수** 강원도 평창군 진부면 동산리
- **원주법천사지** 강원도 원주시 부론면 법천리
- **손곡마을** 강원도 원주시 부론면 손곡리
- **운곡묘역** 강원도 원주시 행구동
- **태종대** 강원도 횡성군 강림면 강림2리
- **경포대** 강원도 강릉시 저동
- **고산시비** 강원도 강릉시 사천면 사천진리
- **방해정** 강원도 강릉시 저동 8
- **선교장** 강원도 강릉시 운정동 431 | 033-646-3270
- **활래정** 강원도 강릉시 운정동
- **오죽헌** 강원도 강릉시 죽헌동 201 | 033-640-4457
- **허난설헌생가** 강원도 강릉시 초당동

경기도

- **양주회암사지** 경기도 양주시 회암동 산14
- **신륵사** 경기도 여주군 여주읍 천송리 282 | 031-885-2505
- **다산유적지** 경기도 남양주시 조안면 능내리 산75-1 | 031-590-2837
- **백천사** 경기도 남양주시 와부읍 율석리 369 | 031-577-3545
- **수종사** 경기도 남양주시 조안면 송촌리 1060 | 031-576-8411
- **정몽주묘역** 경기도 용인시 처인구 모현면 능원리
- **충렬서원** 경기도 용인시 처인구 모현면 능원리
- **중흥사지** 경기도 고양시 덕양구 북한동
- **태고사** 경기도 고양시 북한동 15
- **김포다도박물관** 경기도 김포시 월곶면 개곡리 832 | 031-998-1000
- **한재당** 경기도 김포시 하성면 가금리 224 | 031-980-2472

인천

- **선원사지** 인천시 강화군 선원면 지산리
- **이규보묘역** 인천시 강화군 길상면 길직리
- **정수사** 인천시 강화군 화도면 사기리 467-3 | 032-937-3611
- **함허동천** 인천시 강화군 화도면 사기리 | 032-930-7066

제주도

- **서광다원** 제주도 서귀포시 안덕면 서광서리 1235-3 | 064-794-6600
- **설록차뮤지엄오설록** 제주도 서귀포시 안덕면 서광리 1235-3 | 064-794-5312
- **추사적거지** 제주도 서귀포시 대정읍 안성리 1661-1 | 064-794-3089

전라도

- **개암사** 전북 부안군 상서면 감교리 714 | 063-583-3871
- **김육불망비** 전북 익산시 함라면 함열리 477
- **봉서사** 전북 완주군 용진면 간중리 산2 | 063-244-3053
- **선운사** 전북 고창군 아산면 삼인리 500 | 063-561-1422
- **실상사** 전북 남원시 산내면 입석리 50 | 063-636-3031
- **고성사** 전남 강진군 강진읍 남성리 산4 | 061-434-3710
- **다산초당** 전남 강진군 도암면 만덕리 | 061-430-3781
- **백련사** 전남 강진군 도암면 만덕리 246 | 061-432-0837
- **사의재** 전남 강진군 강진읍 동성리
- **무위사** 전남 강진군 성전면 월하리 1174 | 061-432-4974
- **백운동** 전남 강진군 성전면 월하리 안운마을
- **월남사지** 전남 강진군 성전면 월남리
- **강진다원** 전남 강진군 성전면 월남리 733 | 061-432-5500

함양다원의 김종직 표지석

강릉 활래정

경주 용장사지

장흥 보림사

고양 태고사

- **대흥사** 전남 해남군 삼산면 구림리 799 | 061-534-5502
- **미황사** 전남 해남군 송지면 서정리 산247
- **일지암** 전남 해남군 삼산면 구림리 799 | 061-533-4964
- **해남윤씨녹우단** 전남 해남군 해남읍 연동리 82
- **운림산방** 전남 진도군 의신면 사천리 64 | 061-543-0088
- **보길도윤선도유적지** 전남 완도군 보길면 부황리
- **삼애다원** 광주 동구 운림동 신림부락
- **운천사** 광주 서구 쌍촌동 99-7 | 062-375-0053
- **월봉서원** 광주 광산구 광산동 452 | 062-432-1318
- **의재미술관** 광주 동구 운림동 81-1 | 062-222-3040
- **증심사** 광주 동구 운림동 56 | 062-226-0108
- **춘설헌** 광주 동구 운림동
- **불회사** 전남 나주시 다도면 마산리 999 | 061-337-3440
- **운흥사** 전남 나주군 다도면 암정리 965 | 061-337-2621
- **보림사** 전남 장흥군 유치면 봉덕리 45 | 061-864-2055
- **오천정사** 전남 장흥군 용산면 상금리 금곡마을
- **화엄사** 전남 구례군 마산면 황전리 12 | 061-782-7600
- **선암사** 전남 순천시 승주읍 죽학리 산802 | 061-754-5247

- **용장사지** 경북 경주시 내남면 용장리 산1-1 | 054-772-3843
- **장유사** 경남 김해시 장유면 대청리
- **김해박물관** 경남 김해시 구산동 232 | 055-325-9332
- **수로왕릉** 경남 길해시 서상동 312 | 055-330-3589
- **은하사** 경남 김해시 삼방동 882 | 055-337-0101
- **정여창생가** 경남 함양군 지곡면 개평리
- **학사루** 경남 함양군 함양읍 운림리
- **함양다원** 경남 함양군 휴천면 남호리 절터마을
- **만어사** 경남 밀양시 삼랑진읍 용전리 산4 | 055-356-2010
- **사명대사유적지** 경남 밀양시 무안면 고라리 399 | 055-359-8710
- **영남루** 경남 밀양시 내일동 40
- **예림서원** 경남 밀양시 부북면 후사포리
- **표충사** 경남 밀양시 단장면 구천리 31-2 | 055-352-1150
- **혜산서원** 경남 밀양시 산외면 다죽리 607
- **다솔사** 경남 사천시 곤명면 용산리 86 | 055-853-0283
- **쌍계사** 경남 하동군 화개면 운수리 208 | 055-883-1901
- **칠불사** 경남 하동군 화개면 범왕리 1605 | 055-883-1869
- **차시배지** 경남 하동군 화개면 운수리 | 055-880-2950

경상도

- **경주박물관** 경북 경주시 인왕동 76 | 054-740-7518
- **반월성터** 경북 경주시 인왕동
- **상서장** 경북 경주시 인왕동
- **서악서원** 경북 경주시 서악동
- **석굴암** 경북 경주시 진현동 999 | 054-746-9933
- **안압지** 경북 경주시 인왕동
- **요석궁터** 경북 경주시 교동
- **설총묘** 경북 경주시 보문동
- **기림사** 경북 경주시 양북면 호암리 419 | 054-744-2292

충청도

- **맥도유적** 충남 보령시 남포면 월전리 산31
- **성주사지** 충남 보령시 성주면 성주리
- **문헌서원** 충남 서천군 기산면 영모리 10 | 041-950-4226
- **돈암서원** 충남 논산시 연산면 임리 74 | 041-736-0096
- **김장생묘역** 충남 논산시 연산면 고정리
- **우암사적공원** 대전 동구 가양동 65 | 042-673-9286
- **추사고택** 충남 예산군 신암면 용궁리 798
- **화암사** 충남 예산군 신암면 용궁리 202 | 041-332-9250

해남 일지암을 다녀온 나은은 또 다른 욕심이 생겼다. 자신만의 차실이 갖고 싶어졌던 것이다. 그래서 나은은 인터넷을 통해 일지암을 비롯한 전국의 아름다운 차실들을 먼저 눈에 익혔다. 대부분 아름다운 자연속에 위치한 차실들이었지만 그렇지 않은 곳도 있었다. 인위적으로 자연을 끌어들여 차실을 꾸민 곳도 있었다. 그러다 나은은 놀라운 발견을 했다. 나은처럼 차실을 갖고자 하는 사람들이 너무나 많았고 이미 차실을 꾸미며 온라인에 공개한 사람들도 많았기 때문이다. 장소도 다양했다. 한적한 시골토방을 차실로 이용하는 사람도 있었고 아파트, 서재, 연구실에 차실을 꾸며놓고 차 생활을 즐기는 사람도 많았다. 나은은 용기를 냈다. 차실을 한번 만들어보기로 '작정'한 것이다.

나은은 일단 선생님에게 이메일을 띄웠다.

선생님. 제가 사는 공간에다 차실을 한번 만들어볼까 하는데 기본적인 상식을 좀 알려주시면 감사하겠습니다.   -열심히 차 배우는 제자 나은 올림

다음 날 나은은 선생님으로부터 답장을 받았다.

나은 씨 정말 좋은 생각이에요. 차 생활을 제대로 즐기려면 간단하게나마 차를 마실 수 있는 공간이 따로 있으면 좋습니다. 차실은 일단 공간, 그리고 그 공간을 꾸미는 그림과 꽃, 차를 마실 수 있는 도구, 마지막으로 차 도구들을 보관할 수 있는 찻장이 필요합니다. 물론 이것들이 다 필요한 것은 아닙니다만, 최대한 갖추는 것이 차 생활을 하는 데 편리해요. 주의할 것은 한꺼번에 다 준비하다가는 큰일 난다는 겁니다. 얼마나 많은 비용이 들지 모르니까요. 일단 공간을 마련한 후 차 생활을 하면서 자신에게 맞는 도구들을 하나씩 하나씩 준비하면 됩니다.

나은에게 돌아온 선생님의 답은 의외로 간단했다. 큰 기대를 걸었던 나은은 내심 실망했다. 그런데 다음 날 회사에서 근무를 하던 나은에게 선생님의 문자가 도착했다.

나은 씨! 내가 답장을 너무 간단하게 보낸 것 같아서 가장 기초적인 내용들을 다시 한 번 메일로 보냈어요. 나은 씨 화이팅!

나은은 환한 미소를 지으며 메일함을 열었다.

차실에 대한 간단한 스케치

개인적인 취향에 따라 다르겠지만 우리는 무엇을 하든 주변의 분위기에 따라 많은 차이가 나는 것을 쉽게 알 수 있습니다. 흔히들 공부방은 어떻게 해야 공부에 집중할 수 있을까 많은 연구를 하면서 차를 마시는 것은 가욋일처럼 아무렇게나 합니다.

넉넉한 재정을 가진 사람들이야 차실하나 따로 짓는 호사를 마다하지 않겠지만 보통 사람들에게는 어쩌면 사치스럽기 짝이 없는 것입니다. 하지만 우리가 살고 있는 환경에서도 잘 살펴보면 의외로 차를 마실 수 있는 공간을 발견할 수 있습니다.

요즘은 사람들이 입식을 선호해서 잠자는 곳은 오로지 잠자는 곳으로, 서재는 서재, 심지어는 옷을 모셔두는 옷방으로 사용하여 집은 전보다 넓어졌지만 공간은 좁아졌다고 할 수 있습니다. 원래 우리나라의 좌식 문화는 한 공간을 여러 가지의 용도로 사용할 수 있는 장점을 지니고 있습니다. 침실이 식당으로, 서재로, 접대를 하는 응접실로, 수시로 변할 수 있는 그런 문화였음을 우리는 지금 잊고 있습니다. 아파트에 살고 있더라도 어느 한 공간을 우리 주거문화의 장점을 지닌 좌식을 도입하면 작은 공간이라도 몇 배로 늘려 쓰는 효과를 볼 수 있습니다. 나은 씨도 마찬가지예요. 지금 있는 공간이 하나든 둘이든 차실 공간으로 나눌 수 있으면 그것이 차실의 시작입니다. 가장 중요한 것은 일단 차실로 쓸 수 있는 공간을 확보한 후 분할을 해야 한다는 겁니다. 분할된 차실이 차실일 수 있는 것은 간단한 멋부리기면 됩니다. 그러기 위해서는 그림 다화 등 간단한 디스플레이 도구들이 필요합니다.

차실 용도로 마련한 공간에 찻상을 두고 벽에 한 점의 그림을 걸어둔다면 차실의 모양새가 됩니다. 가장 간단한 차실이지요. 그림은 아무래도 서양화 쪽보다는 동양화, 동양화에서도 화려함을 배제한 문인화나 묵화, 차와 관련된 문장의 서예가 차실에는 더 잘 어울립니다.

다화

찻자리에 계절에 따라 피는 한두 송이의 작은 꽃이나 들꽃, 풀잎으로 장식하면 또 다른 즐거움을 가질 수 있습니다. 자리에 따라서는 작은 풀잎 하나로도 격조 높은 찻자리가 될 수 있습니다. 너무 지나치면 오히려 하지 않은 만 못하니 정도를 지킬 수 있는 안목을 길러야 하는 것이 필수지요. 간단한 그림과 다화만으로 격조 있는 차실이 되지요. 이른바 트랜스포머 같은 변신이랄까.

그리고 나은 씨. 찻자리에 다상이 없으면 임시로 다포를 대신할 수 있고 준비된 찻잔이나 다구가 없으면 우리 일상에서 사용하는 무엇이든 대신 사용할 수 있습니다. 절에서 스님들이 차를 마실 때 특별히 찻상이 없어도 바루보로 상을 대신하는 것과 같지요. 하지만 어려운 손님을 대접해야 한다면 소박하거나 검소한 것만으로는 대신할 수는 없습니다. 갖출 수 없는 경우에는 최선의 것을 대신하고 갖출 수 있다면 갖추는 것이 바로 예의일 것이고 홀로 즐기더라도 자신이 좋아하는 만큼 분에 넘치지 않는다면 그것이 바로 나만의 차실 아니겠어요. 나은 씨의 건투를 빕니다.

선생님의 메일은 나은에게 큰 도움이 되었다. 많은 것을 준비하기 보다는 공간 분할을 통한 공간 확보가 모든 것의 출발이라는 것을 알았기 때문이다. 나은은 차실을 만들기 위해 집중력을 발휘했다. 모범적인 차실을 구경하기로 한 것이다. 먼저 우리나라에서 가장 권위가 있는《차와 문화》라는 잡지를 구입했다. 그 잡지에서는 '아름다운 차실 기행'이라는 코너를 연재하고 있었다. 그리고 또 나은은 인터넷에서 눈에 띄는 차인들의 차실을 메모하기 시작했다.

사례 1 김해에 사는 한 병원의 원장은 병원 옥상에 누구나 이용할 수 있는 차실을 꾸며놓고 있었다. 그 원장은 기와를 올려 만든 차실에서 책을 보며 차를 마시고 있었다. 그는 차를 마시기 전에 하루에 커피 20잔, 담배 2갑, 맥주 1박스를 기본으로 하곤 했다. 그러다 몸과 마음이 죽을 만큼 힘들어졌을 때 차를 마시고 마음을 다스리기 시작했다. 그가 병원 옥상에 차실을 지은 지는 올해로 23년째. 어느 날엔가 달밤에 옥상잔디밭에 앉아 차를 마시며 눈물을 흘리기도 했다. 원장은 차를 마시며 이렇게 술회하고 있었다. "술을 마시면 영혼이 더러워지고 차를 마시면 차향기가 세포에 배어 영혼이 맑아집니다. 그 어떤 생각에도 매이지 않고 살 수 있습니다."

사례 2 부산 상가건물 옥상에 차실을 꾸며놓고 차를 즐기는 사람도 있었다. 그 건물에는 병원, 사진관, 노래방도 있었는데 옥상을 리모델링한 것이었다. 차실 문은 전통문살의 창호지를 발랐고, 오죽과 소나무도 심겨 있었다. 그 차인은 "차를 마시면 물욕을 버리게 됩니다. 차실을 갖는 것은 어렵지 않습니다. 우선 비어 있는 구석방, 베란다도 얼마든지 차실로 꾸밀 수 있습니다. 어떤 분은 거실의 소파를 들어내고 차실로 꾸며 놓았습니다"라며 차실 꾸미기를 권장하고 있었다.

차를 애호하는 차인들에게 자기만의 차실을 갖는 것은 하나의 꿈이다.
차실은 차인의 삶을 완성시키는 또 하나의 공간이기 때문이다.

사례 3 '한 가정 한 차실 만들기' 운동을 하는 차인도 있었다. 그 차인의 차실론(茶室論)은 너무도 간단해 나은의 마음을 사로잡았다.

"직장에서도 다기 하나만 있으면 동료들과 차를 나눠 마실 수 있습니다. 차를 통해 정을 나누는 것입니다. 만약 한 가정에 한 개의 차실을 갖게 되면 개개인의 삶이 달라지고 일주일에 한두 번 가족끼리 찻자리를 가지면 가정이 화목해집니다. 일회용 다기 하나로 시작한 차 생활은 세월을 거듭할수록 가족 또는 다정한 이웃과 나누고 싶은 선향으로 이어집니다. 그 선향은 일인용 차 그릇에서 삼인용 차 그릇으로 다시 오인용 차 그릇으로 발전합니다. 그러면 장만하지 않아 없던 찻상이 어느 날 생기고, 그것들을 불결함으로부터 보호할 차 보자기가 생깁니다. 차를 마시면서 듣는 음악을 구분하게 되고 평소에 허전하던 벽에 차 생활에 어울리는 한 점의 그림을 장식하게 됩니다. 계절의 변화를 느끼고 싶은 마음이 일어나면 뜰에 피어난 한줌의 꽃을 화병에 꽂기도 하고 벽에 꽂기도 합니다. 차 생활의 변화는 삶에 또 다른 새로움을 줍니다. 차실을 가꾸고 차 생활을 하는 과정은 신혼살림을 장만하는 것처럼 설렘을 줘 삶의 활력소가 되고 삶의 감동이 됩니다."

나은은 '한 가정 한 차실 만들기 운동'을 하는 차인이 제시한 과정이 가장 마음에 들어 그것을 토대로 차실 꾸미기 프로젝트를 본격 가동했다. 먼저 단계별 전략을 수립했다.

선화禪畵 작가 일지 이홍기의 '숲'

차실에는 꽃과 그림이 있으면 그 운치를 더한다. 특히 담백하고 간결한 차실에 걸려 있는
다화는 그 차실의 품격을 한층 더 높이는 역할을 한다.

나만의 차실 꾸미기 프로젝트

1 공간 만들기
2 공간 꾸미기
3 차실 이름 짓기
4 차회 열기

서두르지 않고 우선 공간부터 만들기로 했다. 나은이 살고 있는 곳은 베란다가 있는 원룸이었다. 그 원룸을 어떻게 활용할 것인가를 고민했다. 나은은 베란다를 차실로 꾸미기로 결심했다. 먼저 방 안에 있던 불필요한 것들을 치웠다. 그중 어머니가 집들이 기념으로 가져오신 '나무도마'가 눈에 띄었다. 어머니가 시골장터에서 좋은 나무로 만든 도마를 보고 사 오셨던 것이다. 순간 나은의 눈빛이 반짝였다. '아! 찻상 하면 되겠다!' 다음은 베란다였다. 베란다에 있던 세탁기를 욕실로 옮겼다. 그리고 쓰다만 가재도구나 불필요한 것도 다 치운 다음에 깨끗이 물청소를 했다. 베란다를 다 치우고 나니 2평 정도의 아담한 공간이 생겼다. 차실의 벽을 꾸미는 문제부터 해결을 했다. 방과 베란다를 연결하는 유리창은 전체를 한지로 도배했다. 방과 차실을 별도의 공간으로 독립을 시킨 것이다. 밖을 바라볼 수 있는 창문은 앉으면 밖을 볼 수 없게 1미터 정도 높이로 한지를 도배했다. 가장 큰 난점은 바닥이었다. 사계절 내내 차실로 사용하기 위해 전기 패널을 깔고 그 위에 옛날 장판 느낌이 나는 도배지를 발랐다. 벽면에는 나은이 일지암에서 직접 찍은 일지암 초당 사진을 액자에 담아 걸었다. 물을 끓이기 위해 콘센트를 따로 빼냈다.

공간이 꾸며지자 나은은 우선 적벽돌을 몇 개 구했다. 그리고 어머니께 선물 받은 나무도마를 벽돌 위에 올려놓은 후 하얀 무명천을 깔았다. 그 위에 그동안 모은 차 도구들을 배치했다. 방석, 물통 등 부족한 부

숙우회 김연자 씨의 차실
차실은 차인의 삶을 완성시킨다. 정갈하고 담백한 차실 분위기가 일품이다.

조선시대 차인 추사 김정희가 초의 스님에게 보낸 차실 편액인 일로향실

분은 많았지만 드디어 아담한 차실이 꾸며졌다. 나은은 차실 이름을 생각했다. 이리저리 생각하다 추사 김정희가 초의 스님에게 써준 '일로향실一爐香室[1]'이란 이름을 떠올렸다. 나은은 차실 이름을 '일로향실'로 결정했다. 드디어 자신만의 차실을 장만했다는 사실에 나은은 기쁘고 뿌듯했다. 일요일 저녁 나은은 오랜만에 텔레비전을 켜지 않았다. 저녁을 먹은 후 나은은 일로향실에서 혜우전통덖음차 제다교육원에서 직접 만든 우전차를 마셨다. 향긋한 차향이 가슴을 상쾌하게 했을 뿐만 아니라 일주일의 스트레스도 확 사라지는 것 같았다. 차실을 꾸민 다음날 월요일 아침, 나은은 가까운 친구들에게 다음과 같은 문자를 날렸다.

1 일로향실(一爐香室) 전남 대흥사 동국선원에 걸려 있는 현판. 제주도 대정에 유배되어 있던 추사 김정희가 소치 허련 편에 대흥사에 머물던 초의 스님에게 드릴 차실의 현판을 써서 보낸 것

나은의 일로향실 차회에 초대합니다. 이번 주 일요일 오후 2시. 나은의 일로향실에 오셔서 나은이 직접 만든 차와 차실을 만나보세요. 여러분의 모든 스트레스가 풀릴 겁니다.

어느덧 일요일이 되었다. 나은은 행복한 마음으로 일로향실 개원 차회를 열었다. 나은이 친구들의 부러움을 샀음은 물론이었다. 그중에서도 나은을 기쁘게 했던 것은 영숙의 반응이었다. 나은의 차실 꾸미기 과정을 듣고 난 후 부러워하는 기색이 역력했기 때문이다.

7
___
색 · 향 · 미

아름다운 찻자리, 전국의 차회와 차 축제

　여름이 훌쩍 지나고 가을이 다가오고 있었다. 나은이 차 공부를 한 지도 10개월이 넘었다. 찬바람이 불기 시작할 때쯤 차 교실 안내판에는 다음과 같은 포스터가 붙어 있었다.

　'제3회 대한민국 차인대회'가 강원도 오대산 월정사에서 열립니다. 참가하실 분은 사무실에서 신청해주세요.

　대한민국차인대회 포스터에는 나은이 차 공부를 하고 있는 차회의 이름을 비롯해 전국 수십 곳의 차회 이름이 함께 있었다. 나은의 흥미를 끈 부분은 프로그램이었다. 들차회, 다찬회, 다식, 다화전, 차 도구 공모전, 차사발 대전 등 나은이 지금껏 몰랐던 차 관련 프로그램들이 즐비했

해마다 가을이면 강원도 평창 월정사에서 대한민국불교차인대회가 열린다. 대한민국불교차인대회의 대회장인 명원문화재단 김의정 이사장이 헌다를 올리고 있다.

1 명원 김미희(1920~1981) 명원 김미희는 근현대 한국 최초의 여성 다인이자 한국 다도의 선구자, 근현대 여성운동가로서 여성문화인, 노블리스 오블리제를 실천했다는 평가를 받고 있다. 1953년 서울 정릉인수제에서 순정효황후 윤씨를 만나 궁중다례를 전승받았다. 조선시대의 마지막 왕비였던 윤비(순종황후)는 자신을 돌보고 있던 조선시대의 마지막 상궁들인 김명길(金命吉, 1983년 작고), 박창복(朴昌福, 1981년 작고), 성옥염(成玉艶, 2003년 작고) 등을 통해 김미희에게 궁중다례와 궁중예법 등을 전수했다. 김미희는 명성왕후의 본방나인이었던 김명길 상궁과 다른 상궁들을 통해 조선시대 조정과 왕실의 다례인 회강다례(會講茶禮), 사신맞이다례, 왕실의 다례 등은 물론 궁중다례에 사용하는 도구인 탕관, 다관, 찻잔, 찻잔받침, 숙우, 찻숟가락, 차항아리, 차수건, 차병, 퇴수기 등을 복원·전승할 수 있었다. 한국차인회창립, 일지암 복원에 지대한 공헌을 했고 《다신전》, 《동다송》 등 역사 속에 묻혀졌던 한국차

명원 김미희 선생(왼쪽)과 2대에 걸쳐 한국 차 문화 발전에 기여한 공로로 옥관문화훈장을 받은 명원문화재단 김의정 이사장(오른쪽)

관련 서적도 연구·출간했다. 그 외에도 1979년 한국최초 차학술세미나, 1980년 세종문화회관 한국전통의식다례발표회 등을 열었다. 논문으로는 《한국 차 문화 의식과 예절》, 《다구의 발자취》, 《한국 차 문화 발전》 등을 남겼다. 명원 김미희의 역사적 삶을 담아낸 책으로는 《차의 선구자 명원 김미희》, 《차의 선구자 명원 김미희 시대를 이끈 휴머니스트》(학고재) 등이 있다.

던 것이다. 차를 우리는 법, 만드는 법, 그리고 한국차의 성지라 불리는 일지암까지 다녀오면서 이제는 차를 어느 정도 안다고 생각했는데 지금 포스터에 나온 프로그램 내용들은 나은에게 너무 낯설었다. 속으로 움찔할 수밖에 없었다. 이 모든 것들이 차와 연관된 것이라는 생각에 우울해지기까지 했다. 차 공부를 하려면 4년 이상이 필요하다는 말이 실감났다.

선생님 여러분, 보셨겠지만 올 가을에는 오대산 월정사에 대한민국 차인들이 모두 모이는 차인대회가 있습니다. 주말에 열리니까 관심 있는 분들은 사무실에 가서 신청해주세요. 좋은 공부가 될 겁니다.

여름학기에 입학한 한 젊은 교육생이 손을 들었다.

교육생 선생님, 오늘 보니까 저희 말고도 차회가 많이 있는 것 같던데 모두 같은 건가요? 각 차회마다 공부하는 방식이 어떤지 궁금해요.
선생님 좋은 질문입니다. 지금 전국에 약 2천여 곳에서 차를 가르칩니다. 이게 '다도 교실'이라는 건데 지금 차 인구가 4백만이라고 추산되는 이유도 여기에 있습니다. 매년 2~3만 명 정도가 차 교육을 받고 있습니다. 교육 내용은 저번에도 말씀드렸듯이 한국차의 역사, 세계차의 역사, 행다법, 예절 그리고 꽃꽂이, 다식, 티테이블, 도자기 같은 차와 관련된 다양한 프로그램이 진행됩니다. 재단법인, 사단법인 그리고 개인과 각종 차회가 전국적으로 활발하게 활동을 하고 있답니다.
교육생 우리나라에 그렇게나 많은 차 모임이 있는 줄 몰랐어요.
선생님 네. 사실 한국 차 모임의 역사는 그리 길지 않습니다. 1950년대 초 명원 김미희[1]를 시작으로 광주 춘설헌의 의재 허백련[2], 효당 최범술[3], 응송 박영희[4], 금당 최규용[5]과 같은 차인들이 동호회처럼 차 모임을 가지면서 시작된 것입니다. 그중 명원 김미희 선생은 한국 현대 다도의 선구자

2 의재 허백련(1891~1977) 의재 허백련은 남종화의 대가로 광주 무등산에 '춘설'이라는 차를 재배하고 생산한 현대를 대표하는 다인이다.

3 효당 최범술(1904-1979) 효당 최범술은 경남 진주 사천 다솔사에 머물며 한국 현대차부흥운동을 펼쳤다. 효당 최범술은 15세 때 일본에 유학하며 일본의 다도를 익혔고 해인사 주지를 엮임하며 우리의 다도를 연구했다. 효당 최범술은 차서로 《한국의 다도》를 남겼다.

4 응송 박영희(1893-1990) 1933년 응송 박영희 스님은 대흥사 주지로 취임한 후 초의 스님의 묵적과 《동다송》《다신전》 등을 수집·보관했다. 1985년 응송 박영희 스님은 《동다정통고》를 저술, 한국차와 중국차 등 초의와 추사 그리고 소치에 대한 것들을 통해 18세기 우리차 이야기를 남겼다.

5 금당 최규용(1903-2002) 경남 통영에서 출생했고 일본 와세다대학 부속 고공토목과를 졸업한 뒤 고건축 연구를 했다. 부산에 있던 자신의 집에 다실을 만들어 '금당다우(錦堂茶愚)'라 이름을 짓고 차에 관련된 활동을 했다. 저서로는 차에 관한 자신의 기록과 견해를 담은 《금당다화》가 있고, 육우다경연구회를 만들어 차 정신확산운동에도 주력했다.

로 불리며 차 문화 전통을 지키고 발전시키는 데 큰 공헌을 하신 분입니다. 1979년 우이동 녹약재에서 처음으로 차 학술대회를 개최했고, 그 이듬해 1980년 최초로 세종문화회관에서 〈한국전통의식발표다례회〉를 열어 우리에게도 차 문화가 있다는 것을 공식적으로 알렸습니다. 〈한국전통의식발표다례회〉는 그동안 횡행하던 일본 차 문화를 일소하고 우리 전통 차 문화를 알려주는 가교 역할을 했습니다. 이렇게 공식적으로 차 행다례를 대중들에게 보여준 예는 처음 있는 일입니다. 명원문화재단이 한국 다도의 종가인 이유가 바로 여기에 있습니다. 어찌보면 중국의 다성이라고 불리는 육우, 일본의 센리휴도 못했던 일이죠. 주한외교사절단과 귀빈들이 참석한 가운데 개인 다실이 아닌 세종문화회관 같은 공식적인 자리에서 한국전통행다례를 발표한 것은 지금 생각해도 획기적인 발상이었습니다.

교육생 와, 정말 대단하네요.

선생님 그렇죠. 이제는 1대인 명원 김미희 선생의 뒤를 이어 2대인 김의정 이사장이 무형문화재 제27호 궁중다례보유자로서 한국 차 문화를 보급하고 있습니다. 이는 3대에 걸친 전승이라고 볼 수 있습니다. 그 이유는 조선 왕조의 마지막 황후인 윤씨로부터 김명길 상궁을 소개받은 명원 선생이 조선왕실다례를 전승받았기 때문인데요. 명원문화재단은 오늘날 궁중다례를 바탕으로 일본다례가 섞이지 않은 생활다례를 개발·전승하고 있는 유일한 곳이기도 합니다. 그런 점에서 김명길-김미희-김의정 3대가 되는 것이지요. 두 분의 공로를 인정해 국가에서 2000년 명원 김미희 선생에게 보관문화훈장을, 2011년 김의정 이사장에게 옥관문화훈장을 수여했습니다. 이렇게 2대에 걸쳐 국가로부터 훈장을 받은 것 또한 한국 차계에서는 처음 있는 일입니다.

교육생 그렇군요. 그럼 지금 공고된 대한민국차인대회는 차인들이 모두 의무적으로 참여하는 건가요? 그리고 저런 차인대회는 1년에 한 번만 있는지 궁금하네요.

선생님 그렇진 않습니다. 참가를 하고 싶은 차인들만 참가를 하는 것입니다. 대한민국차인대회는 대한민국의 차인들이 모여 다양한 교류행사를 하는 것이고, 차인대회가 아닌 다양한 차 관련 축제는 전국적으로 열립니다.

교육생 차 관련 축제는 주로 누가 주최하는 것입니까?

선생님 우선 개별 차회 말고 지자체에서 여는 차회나 공식 차회만 얘기해 볼게요. 대부분 차 관련 행사는 차 생산 시기에 맞춰서 한꺼번에 열립니

대구세계차박람회 부스전경

우리나라에서는 산업적 측면에서 차 박람회가 열리고 있다. 서울에서는 티월드 페스티벌, 대구에서는 대구세계차박람회, 광주에서는 세계차 홈데코전, 부산에서는 부산국제차공예박람회 등이 열리고 있다.

들차회는 차회의 아름다운 광경 중 하나다. 그 자리에 있는 모든 사람들이 함께 야외에서 차를 나눠마시는 것을 들차회라 한다. 다른 나라에서는 볼 수 없는 우리나라 차 문화의 독특성을 그대로 보여주고 있는 것이 바로 들차회다.

다. 전국의 차 축제는 지자체 문화축제랑 박람회로 구분되는데요, 차를 생산하는 지역의 지자체에서 열리는 차 문화 축제의 대부분은 차에 관련된 모든 것들을 구경하고 체험할 수 있다는 점에서 좋은 교육과 체험의 장이 됩니다.

교육생 그럼 차 축제들은 주로 어느 계절에 열리나요?

선생님 봄이죠! 햇차가 나오는 봄은 차인의 계절이라는 말이 있을 만큼 차인들이 갈 수 있는 곳이 너무 많아서 고민을 할 정도입니다. 반면에 가을엔 큰 축제보다는 작은 차 축제들이 전국에서 열립니다. 이번에 강원도 월정사에서 열리는 대한민국불교차인대회나 부산에서 열리는 차공예박람회를 위시해 다양한 행사가 열립니다.

나은 선생님, 포스터랑 공고문 보니까 들차회, 다찬회, 다식다화전 같은 생소한 말들이 많던데요, 전부 우리 차 공부랑 관련이 있는 건가요?

선생님 그럼요. 차가 다른 것들보다 특별한 점이 있다면 차에는 정신문화가 있고, 예절이 있고, 우리 생활문화가 있다는 겁니다. 이제 여러분들도 배우시겠지만 차는 실생활에서 응용할 수 있는 복합문화입니다. 여러분 들차회란 말 자주 들어보셨죠? 들차회가 뭐지요?

나은이 손을 번쩍 들고 대답했다. 요즘 차 동호회 홈페이지나 각종 차 관련 행사들을 웹서핑하면서 들차회가 뭔지 공부했기 때문이다. 나은은 친구들과 좋은 산에 가서 차회를 가져볼까도 생각하고 있던 참이었다.

나은 들차회란 야외에서 차회를 하는 것입니다. 좋은 산이나 강가나 고택에 가서 차와 음식을 즐기며 차 모임을 갖는 것을 들차회라고 합니다.

선생님 정확합니다. 우리 옛 차인들은 좋은 정자나 시냇가에서 거문고를 타고 시를 짓고 그림을 그리면서 차와 함께 교류의 시간을 가졌습니다. 옛 차인들의 시를 보면 그런 대목이 많이 나오지 않습니까? 이른바 야외에서 차회를 즐기는 걸 들차회라고 합니다.

나은 들차회는 참 멋있는 행사이네요. 근데 뭘 준비하면 되나요?

선생님 들차회를 위해선 준비해야 할 것들이 많습니다. 그래서 좀 복잡하고 힘이 들기도 하죠. 무엇보다 찻자리가 준비된 실내에서 이루어지던 것들이 그대로 야외에서도 이루어져야 하기 때문입니다. 야외에서 앉을 방석, 차 도구, 끓인 물을 담을 수 있는 보온병 등 우선 준비할 게 참 많죠. 그래서 들차회를 하려면 세심한 준비가 필요하답니다.

나은 정말 들차회는 꼼꼼하게 준비해야겠네요.

선생님 그렇습니다. 차회의 꽃은 야외에서 즐기는 들차회에 있다고 하는 사람도 있는데요, 방금 말한 들차회나 다찬회나 다식다회전에 참가할 사람을 각각 구분해서 조만간 특별수업을 할 예정입니다.

대한민국차인대회는 토요일과 일요일로 예정되어 있었다. 나은에게는 더할 나위 없는 기회였다. 그리하여 나은은 사무실에 대한민국차인대회 참가 신청서를 제출했다.

색·향·미가 일품인 차와 함께 먹는 다식

강원도로 향하는 버스 안은 활기가 넘쳤다. 강원도의 산들은 벌써 울긋불긋한 옷을 입고 있었다. 단풍시즌에 가장 단풍이 아름답다는 오대산 전나무숲길에서 차회를 연다고 생각하니 나은의 마음은 절로 들떴다. 나은은 이번 대회에서 다식과 들차회 한자리를 맡았다. 나은은 이번 행사에 참여하기 위해 다식에 대한 특별교육을 받았다. 지금 나은의 가방에는 다식을 만드는 틀인 떡살과 송화다식의 재료 그리고 다관이 각각 랩핑되어 들어 있었다. 그래서 그런지 아침에 집을 나설 때 가방이 묵직했

전국에서 열리는 차 축제

❖ **문경전통찻사발축제**

문경전통찻사발축제에서는 전국찻사발공모대전을 비롯해 국내차 전시판매, 차 도구 판매 및 전시, 도자기 빚기 체험, 망댕이 가마 불지피기 체험 등 다양한 도자관련 체험프로그램들이 펼쳐진다.

054-550-6395 | www.sabal21.com

❖ **하동야생차문화축제**

경남 하동군 일대에서 다양한 문화행사와 함께 열리는 하동야생차문화축제는 최고차나무 헌다례, 차시배지 다례식 등 다채로운 문화행사가 함께 열린다.

055-880-2375 | www.festival.hadong.go.kr

❖ **보성다향제**

전남 보성의 한국차소리문화공원 및 보성차밭 일원에서 열리는 보성다향제에서는 전국학생차예절경연대회, 차음식만들기경연대회, 다신제 등 여러 가지 차문화프로그램과 지역민속공연과 같은 다양한 문화공연프로그램이 열린다.

www.dahyang.boseong.go.kr

❖ **초의문화제**

한국차의 성지인 전남해남대흥사에서 열리는 초의문화제는 한국의 다성으로 불리는 초의스님의 차정신과 문화를 기리기 위한 것으로 초의문화상 시상식을 비롯해 전국차도구 공모전, 대한민국다식경연대회, 창작다례복경연대회, 대학생차논문공모전 등 다채로운 행사가 열린다.

061-535-0986

❖ **대한민국차인대회**

2008년에 시작된 대회로 전국 차인들이 함께 모여 한국차문화의 다양한 교류를 통해 한국차문화의 우수성을 국내외에 알리는 대회.

❖ **대구세계차문화축제**

대구엑스코에서 열리는 차 박람회로 대구국제차학술대회, 외국인차예절겨루기 대회, 대한민국차문화대상과 세계차문화대상시상식 등이 열린다.

053-768-2516 | www.tea-festival.kr

❖ **티월드페스티벌**

서울코엑스에서 열리는 차문화박람회로 국제다구디자인공모전을 비롯해 다양한 전시문화행사가 열린다.

02-6000-8000 | www.teanews.com

❖ **광주국제차문화전시회**

광주 김대중컨벤션센터에서 열리는 차문화박람회로 세계의 각종 차, 다기, 다구, 차문화 등을 관람할 수 있는 전시회가 열린다.

062-611-2212 | www.teaexpo.or.kr

❖ **부산국제차공예박람회**

부산 벡스코에서 열리는 박람회로 국내외 200여개 업체와 차회들이 참여해 차와 공예의 접목을 통한 산업의 대중화를 모색하는 자리다.

051-740-7705 | www.teafair.co.kr

❖ **대한민국불교차인대회**

강원도 월정사에서 시작된 차문화행사로 전국의 불교차인들이 모여 불교 차문화의 복원과 전승 현대화를 모색하는 자리다.

❖ **부산국제차어울림문화제**

부산차문화진흥연구회가 주관하는 부산국제차어울림문화제는 부산지역 차회들이 행다, 아름다운 찻자리 등 다양한 문화행사를 펼친다.

051-809-1551 | www.busantea.kr

다. 그전에 열렸던 다식 특별수업에는 다식을 전문적으로 만드는 티 푸드스타일리스트가 출강했다. 나은에게 다식수업은 아주 특별한 경험이었다.

선생님 다식이란 차와 함께 먹는 음식을 말합니다. 여러분도 차회를 가보셨겠지만 어떤 차회에서도 차만 내놓는 경우는 없습니다. 떡이나 한과는 꼭 내놓지요. 찻자리에 초대를 하면 반드시 계절과 시간에 맞는 다식을 내놓는 게 찻자리 초대의 기본 예의입니다.

나은 선생님 저는 친구들이랑 같이 차를 마시면서 쿠키, 케이크 같은 것을 준비한 적이 있는데, 그런 것들도 다식이라고 할 수 있나요?

선생님 그럼요. 찻자리에 준비된 모든 음식은 다식이 될 수 있습니다. 그렇지만 모든 음식에 궁합이 있듯이 차마다 궁합은 다릅니다. 우리 차는 우리 음식과 다식이 맞지 않겠습니까?

나은 네. 그럼 일본과 중국 역시 다식이 발달했겠네요.

선생님 우리나라도 찻자리 다식이 발전했지만 일본은 더 많이 발전한 편입니다. 앞으로 보시면 알겠지만 찻자리 다식이 맛뿐 아니라 아름다움까지도 갖추었다는 걸 알 수 있습니다. 중국에서 다식은 주로 땅콩, 해바라기, 호박씨와 같은 견과류가 대부분입니다. 이에 반해 일본은 과자류 다식이 매우 발달했습니다. 말차젤리, 찹쌀경단, 화과자 등 과자류 다식이 300여 가지가 넘을 정도입니다.

나은 저는 일본 화과자를 참 좋아합니다. 그럼 한국 다식은 무슨 특징이 있죠?

선생님 우리 다식은 자연에서 채취한 곡류가 대부분입니다. 밤가루, 송화가루, 콩가루, 녹말가루, 찹쌀 등 곡식을 빻아 볶은 가루를 꿀이나 조청 등으로 반죽해서 무늬가 있는 다식판[1]에 꾹꾹 눌러 여러 가지 문양을 만들어냅니다. 그리고 수십 종류의 떡다식이 일품입니다.

(재) 명원문화재단에서 준비한 다찬회의 다식

차는 차와 함께 먹는 음식이 있다. 그 음식을 바로 다식이라고 한다. 우리의 다식은 떡을 비롯해 과자 등 아름답고 그윽한 맛을 지닌 음식들이 많다.

각판의 돌출부에 음각된 부분에
수·복·강·녕 등과 같은 글자를
비롯해 수레바퀴 당초 국화 꽃 완
자무늬 등 각종 무늬를 새겨 넣는
다. 다식을 박을 때는 윗판을 올
려 괴고 구멍에 반죽을 넣어 눌러
찍으면 된다.

나은   선생님, 일본 다식과 우리 다식의 차이점이 뭔지 알고 싶은데요.
차 마실 때 먹는 다식이 다 똑같지 않나요?

선생님 일본 다식은 대체로 산뜻하면서도 달지요. 말차젤리, 찹쌀경단, 철
마다 맛볼 수 있는 화과자 등 무궁무진하게 다양하답니다. 그에 반해 우
리 다식은 자연에서 채취한 곡류로 만들기 때문에 담백하고 영양가도 높
아 건강에 좋습니다. 또한 우리의 떡다식은 최근에 다양한 형태로 진화
하고 있지요. 약선 다식 또한 등장하고 있습니다.

나은   그러면 우리나라 대표 다식엔 어떤 것이 있나요?

선생님 곡물류 다식으로는 쌀다식, 밤다식, 녹말다식, 콩다식, 승검초다식,
생강다식, 용안육다식, 송화다식 등이 있는데 그중 대표적인 게 송화다
식입니다. 오월 초순부터 피는 솔꽃을 받아 꿀에 반죽한 다음에 다식판
에 찍어낸 게 송화다식인데, 송화다식은 궁중의 잔칫상에서 필수음식이
었답니다. 송화다식 말고도 쌀로 지어 말린 다음 노릇하게 볶아 빻아서
꿀과 소금을 넣고 반죽한 쌀다식, 밤을 삶아 속껍질까지 벗긴 다음 곱게
찧어 체로 치고 여기에 계피가루, 유자청 꿀을 섞어 반죽한 밤다식, 짙은
색의 오미자물을 만들어 준비한 녹말가루에 오미자물과 꿀을 섞고 잘 반
죽한 녹말다식 등도 우리나라의 대표다식입니다. 떡다식으로는 꽃문양
을 비롯해 다양한 문양과 색깔을 가진 다식이 수백 종류에 이릅니다.

나은   우리나라에 그렇게나 많은 다식이 있는 줄 몰랐어요.

선생님 네, 우리 다식은 대체로 손이 많이 갑니다. 다시 말해 정성과 맛의
결정체라고 할 수 있겠죠. 다식에 복을 기원하는 '수복강녕'과 같은 글자
는 물론 수레바퀴, 당초, 국화 등을 찍어 미적 감각을 살리는 부분은 정
말 훌륭합니다. 이처럼 우리 조상들은 다식 하나에도 인간 삶의 건강과
풍요를 기원하는 지혜를 발휘했답니다.

나은   그러면 다식은 꼭 곡류로 만들어야 하나요?

선생님 우리 옛 문헌을 살펴보면 전치, 포육, 광어 등 동물성 재료를 활용

해 만든 다식들도 등장합니다. 이것을 봤을 때 다식의 재료는 반드시 특정 재료에만 의존하지는 않는다는 것을 알 수 있죠. 차의 고유한 맛과 다식의 맛도 함께 즐길 수 있다면 뭐든 훌륭한 다식이 될 수 있다고 봅니다.

나은 　그럼 다식은 언제 먹는 게 좋은가요?

선생님 다식은 주로 차를 마실 때, 초탕과 재탕 사이에 먹는 게 가장 적절합니다. 초탕과 재탕 사이에 먹으면 차 고유의 맛과 다식의 맛을 함께 느낄 수 있습니다. 나중에 나은 씨도 직접 시도해 보세요.

나은 　선생님, 차에 맛과 향이 제각각이듯이 다식마다 맞는 차가 따로 있지 않을까요?

선생님 맞아요. 아무 차에나 다식을 내 놓으면 안 되고요, 다식을 내놓을 때는 주 음료가 되는 차의 색감이나 차의 내용을 보고, 또 계절을 따져서 거기에 맞는 다식을 내놔야 합니다.

나은 　다식도 여러 가지 조건들을 고려하여 준비하여야 하는군요.

선생님 네. 먼저 백차와 어울리는 다식은 과일로 만든 푸딩 종류가 좋습니다. 백차의 담백한 맛과 푸딩의 싱그러움이 절묘하게 조화를 이루기 때문입니다. 그리고 우리 녹차에는 소나무 꽃가루로 만든 송화다식과 강정들이 좋고요, 황차에는 땅콩이나 호박씨, 청차에는 콩다식과 양갱이, 홍차에는 달콤한 쿠키나 케이크, 흑차에는 육포나 과일로 만든 전과류를 곁들이면 차맛이 훨씬 더 향긋해집니다.

나은 　자꾸 질문 드려서 죄송한데요, 꼭 전통다식만을 만들어야 하나요? 지금 그런 재료를 구하는 게 쉽지가 않을 텐데 우리가 일상에서 쉽게 구하고 만드는 다식은 없을까요?

선생님 좋은 질문입니다. 모든 문화가 시대에 따라 변하듯 다식도 많은 변화를 겪고 있습니다. 과일양갱, 생강란 등 다양한 재료를 써서 다식을 만들 수 있습니다.

나은 　오늘 만들어 볼 다식이 너무 기대돼요. 어떤 것이죠?

선생님 오늘은 상화병다식과 송화다식을 만들어보겠습니다. 우리 다식의
기본은 계절별 재료를 사용하고 일상에서 쉽게 구할 수 있는 모든 것들
을 사용해서 준비하는 것입니다. 여기에는 차인의 정성이 필요하겠죠.

　　나은은 다식 만드는 것이 너무도 재미가 있었다. 송화다식을 만드는
것은 생각보다 쉬웠다. 송화다식은 아름다웠을 뿐 아니라 맛도 있었다.
상큼한 녹차를 마신 후 먹은 송화다식은 으뜸 중에 으뜸이었다.

상화병다식 만드는 법

재료

- 멥쌀가루 2컵
- 밀가루 2컵
- 막걸리 ½컵
- 설탕 ¼컵
- 팥소를 넣거나 만두 속을 하여 넣어도 됨

만드는 법

1 멥쌀가루로 묽은 죽을 쑤어 막걸리와 설탕을 넣고 따뜻하게 중탕한다. 밀가루는 체에 한 번 내려 섞어준 다음 랩으로 싸서 따뜻한 곳에 둔다. 이 상태로 1시간 가량 발효시켜 부풀어 오르면 다시 반죽하여 공기를 빼주고 한 번 더 발효시킨다.

2 이때 처음 부푼 정도에 다다르면 공기를 뺀 뒤 적당한 크기로 빚어(소를 넣고) 낸다.

3 찜기에 보자기를 깔고 만든 상화를 놓고, 김이 오른 찜통에서 3~5분 정도 약한 불에 익히다가 센 불로 15분 정도 찐다.

송화다식 만드는 법

재료

• 송화가루 1컵
• 물엿 4큰술

만드는 법

1 송화가루에 물엿을 넣고 반죽한다.

2 반죽을 알맞게 치대어 놓고 다식판에 기름을 발라 놓는다.

3 반죽을 알맞게 떼어 다식판에 넣고 엄지손가락으로 꼭꼭 눌러 박아 낸다.

한국 찻자리의 교복 '한복'

　　나은은 용기백배했다. 두세 번 연습을 해볼 필요도 없이 간단하게 만들 수 있었기 때문이다. 나은은 차 교실에서 다식판과 한복을 빌려 대한민국차인대회에 참가했다. 단풍이 물들어가는 오대산은 너무도 아름다웠다. 모두 버스에서 내려 지정된 장소에서 한복을 입기 시작했다. 그런데 나은은 저고리 고름을 매지 못했다. 모두들 부산하게 한복을 차려 입고 밖으로 나갔지만 나은은 저고리 고름 때문에 발을 동동 구르기만 했다. 오랫동안 차 생활을 한 동료가 나은에게 "제가 저고리 고름 매는 법 가르쳐드릴게요"하며 저고리 고름 매는 법을 알려주었다.

　　첫째, 오른쪽 고름을 왼손으로 잡고 왼쪽 고름을 오른손으로 잡은 다음 왼손을 위로 가게 한다.

　　둘째, 왼손으로 잡고 있는 고름을 다른 쪽 고름 밑으로 집어넣는다.

　　셋째, 위로 잡아 뺀다.

　　넷째, 위로 나와 있는 고름의 안쪽에 왼손을 댄다.

　　다섯째, 고름을 한 바퀴 돌려 동그란 구멍을 만든다.

　　여섯째, 밑으로 늘어져 있는 다른 쪽 고름을 오른손으로 집어 들고 다른 쪽 고름의 동그라미 속으로 밀어 넣어 왼손에 쥐어준다.

　　일곱째, 왼손에 쥔 고름을 잡아당겨 적당한 크기의 고름을 만든 다음 그 모양새를 바로 잡는다.

　　여덟째, 고름 맨 끝을 잘 정리한 다음 끝자락 두 개를 가지런히 밑으로 늘어뜨린다.

동료　어때요? 쉽죠? 그래도 워낙 가끔씩 하는 거라 또 잊어버릴 거예요.

차인들은 대부분 차회를 열거나 차 공부를 할때 한복을 입는다. 우리 전통 복식인 한복은 찻자리와 차인 들을 아름답게 하는 제2의 얼굴이다.

짧은 고름이 위로 가게 교차시킨다

감아 뽑고 짧은 고름으로 원을 만든다

위에 있는 짧은 고름을 아래로 집어 넣어 대각선 모양으로 잡아당겨 여민다

긴 고름을 접어 원 안으로 넣어준다

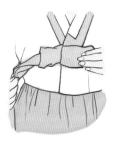

모양을 바로잡는다

아래에 있는 긴 고름으로 고를 만든다

나은은 다식판과 송화가루 그리고 들차회에 사용할 도구들을 들고 밖에 나왔다. 한복 물결을 이룬 월정사 경내를 보고 나은은 깜짝 놀랐다. 한복을 입은 수천 명의 차인들이 앉거나 일어서 있었다. 차 수업 때 선생님이 하신 이야기가 이해됐다.

선생님 여러분, 우리 차회에서 교복이라고 부르는 게 뭔지 아세요? 바로 한복입니다. 정식 찻자리나 차회에 반드시 입어야 할 옷이 바로 한복입니다. 차인들에게 한복은 예를 다한 찻자리 옷입니다. 한복을 입고 찻자리를 지키는 차인들의 모습은 정말 아름답습니다. 현대에서 한복이 생활화된 것은 아마 차인들의 역할 때문일 것입니다. 나중에 대규모 차 문화

축제나 차회에 초대받으면 한복이 얼마나 아름다운지 알 수 있을 겁니다.

오대산의 단풍숲길에 펼쳐진 한복 물결은 그야말로 장관을 이루고 있었다. 그제야 나은은 한복이 아름답다는 걸 알았다. 자연의 햇살 아래 가장 아름다운 옷이 바로 한복이었다.

나은은 오대산 전나무 숲길에 찻자리를 폈다. 곳곳에 준비된 전기물통에서 물을 보온물통으로 옮겨 놓고 차 우릴 준비를 했다. 그러고는 다식판을 꺼내 다식을 만들기 시작했다. 미리 준비해온 대로 송화가루와 물엿을 반죽해 다식판에서 꾹꾹 눌렀다. 먹음직스러운 송화가루 다식을 하얀 다식 접시에 차례로 내놓았다. 나은은 난생 처음 해보는 들차회라서 정신이 하나도 없었다. 첫 차 손님이 왔다. 두 아이와 함께 단풍놀이를 나온 가족이었다. 나은은 배운 대로 차를 우려냈다.

손님   차가 맛있네요. 젊으신 분이 한복을 입고 차를 우려내니 정말 아름답네요. 그런데 이 맛있는 건 뭐죠?

나은   아, 이것은 차를 마신 다음에 먹는 다식인데, 소나무 꽃가루로 만든 송화다식이라고 합니다. 매우 귀하죠. 그리고 비타민 C가 있어 피로회복에도 좋고요. 지금 제가 이곳에서 가져온 재료로 만든 거랍니다.

손님   날씨 좋고, 차도 맛있고, 처음 먹어보는 다식도 맛있고……. 정말 잘 마시고 잘 먹고 갑니다. 감사합니다.

나은은 뿌듯해졌다. 차를 배워 제대로 써먹은 것 같아 기분이 좋았다. 지정된 들차회 시간이 끝난 다음 나은은 주변을 구경다니기 시작했다.

한국의 티 파티 '다찬회'

한쪽에서 다찬회가 열리고 있었다. 00차회 주관 '우리차, 우리맛, 다찬회'였다. 다찬회[2]에는 고풍스런 은다기에 담긴 각종 다식들과 형형색색 맛깔스런 떡들이 꽃과 함께 차려져 있었다.

<u>선생님</u> 여러분, 이것이 바로 한국형 티 파티인 '다찬회'입니다. 꽃, 차, 다식이 어우러진 한국형 티 파티인 거죠. 눈으로 보고, 입으로 먹고, 분위기를 즐길 수 있답니다. 그리고 한복을 입은 호스트들이 정말 좋지 않습니까? 외국 박람회나 국빈들이 오는 자리에서 다찬회를 열면 다들 정말 좋아합니다. 다식이든 꽃이든 그릇이든 너무 예술적이고 아름답지 않습니까? 돈으로도 따질 수 없는 아름다움과 멋스러움이 우리 다찬회의 백미입니다.

귀빈들이 참석하는 파티에 참석을 해본 나은은 우리 다찬회의 풍성함과 아름다움에 입을 다물지 못했다. 은과 자기로 된 고급스런 식기들, 생전 듣도 보도 못한 떡과 다식들, 그 한가운데 자리하고 있는 아름다운 꽃들이 서양 영화에서 나오는 귀족파티보다 훨씬 더 고상하고 아름다워 보였다.

<u>선생님</u> 옛 차인들은 차를 통해 사유思惟하고 논論하고 예禮를 갖추었습니다. 그래서 찻자리는 우리 문화의 꽃이라고 합니다.
<u>나은</u> 선생님, 티 파티……, 아니, 우리 찻자리는 언제부터 시작되었나요? 찻자리라는 개념은 요즘에 생긴 거 아닌가요?
<u>선생님</u> 공식적인 첫 찻자리는 들차회였어요. 삼국시대 충담 선사가 휴대용 다구인 앵통을 들고 남산 삼화령에서 다례를 행하다 경덕왕을 만나

2 다찬회(茶餐會) 우리 정서에 바탕을 둔 한국 티 파티라 할 수 가 있다. 다찬회는 만찬보다는 가볍고 다과회보다는 격식을 갖춘 '세미 티 파티'다. 꽃과 다식 그리고 여러 종류의 차를 함께 마실 수 있다.

명원문화재단의 다찬회
서양에 티 파티가 있다면 한국에는 다찬회가 있다. 다찬회는 차와 음식과 꽃 그리고 테이블 세팅이 어우러진 고품격파티로 한국차의 새로운 면을 볼 수 있다. 차와 음식과 꽃 그리고 한복이 어우러진 다찬회는 외국인들로부터 갈채를 받고 있다.

차를 한잔 올렸다는 데 그 기록이 남아 있죠. 그 다음에 주목받은 것이 조선시대 선비들의 찻자리입니다. 강릉 활래정, 진주 촉석루, 다산 초당 같은 곳에 간단한 차 도구와 거문고, 지필묵을 준비해 차茶, 서書, 화畵를 함께하며 고급스런 차 문화를 향유했다고 합니다. 우리 옛 차인들은 찻자리에서 다화, 서화 등을 동시에 즐기곤 했죠.

나은 찻자리와 다찬회는 같은 건가요? 선생님은 다찬회를 티 파티라고 말씀하셨고, 파티라는 건 음식, 음악, 꽃을 비롯한 많은 게 있어야 하는데 둘을 어떻게 구분하죠?

선생님 찻자리와 다찬회는 서로 다릅니다. 우리가 지금 말하는 찻자리는 통상적인 것이고, 다찬회는 형식과 격식을 갖춘 의식적인 부분이 있는 겁니다. 생활문화의 변화에 따라 찻자리 형식도 변했고, 거기에 새로운 용어가 적용되어 다찬회라 부르는 것입니다.

평소 와인파티 동호회에 참여하면서 파티에 관심이 많았던 나은은 다찬회를 세심하게 살펴보면서 메모를 시작했다. 다찬회는 녹차, 말차, 황차, 청차, 대용차 등으로 분류되어 각 차에 맞는 도구와 테이블클로스가 따로 있었다. 그리고 그곳에선 티 파티의 보급과 생활화를 위해 간단한 다찬회 준비를 위한 설명서도 나눠주고 있었다. 나은은 다찬회를 위한 설명서를 얼른 손에 쥐었다.

▼ 한국의 티 파티 '다찬회' 준비법

1 주제를 정한다. 생일, 기념일 등 그날의 주제에 따라 찻자리의 색깔이 좌우된다.

2 주제가 확정되면 계절, 장소, 참석자들의 구성과 인원 등을 확인한다.

3 계절과 행사내용에 맞는 차와 다구 음식의 재료들을 준비한다.

4 다찬회에서 가장 중요한 것이 바로 테이블클로스다. 테이블클로스의 색상과 재질을 잘 선택해 다도구의 색깔과 조화를 이루도록 한다. 광택이 나는 것은 피하도록 한다. 여름철에는 색상이 밝고 투명한 테이블클로스를, 겨울철에는 색상이 어둡고 무거운 느낌이 나는 테이블클로스를 사용하는 것이 좋다.

5 다음은 러너와 찻자리 매트, 찻잔받침이다. 러너는 테이블 폭과 길이에 맞게 사용해야 한다. 러너의 활용방식에 따라 다찬회 테이블이 고전적인 것이 될 수도 있고 현대적인 것이 될 수도 있다. 찻자리매트와 찻잔받침의 선택에서 가장 중요한 것은 바로 차를 우리는 도구와 조화를 이루는 데에 있다.

6 테이블세팅은 편안하고 안정된 분위기로 꾸며야 하며 차의 향기와 맛을 제대로 느낄 수 있도록 세팅하는 것이 좋다. 투박한 소재를 사용한 전체적으로 강한 느낌의 세팅은 찻자리의 분위기를 부드럽게 꾸미지 못한다.

7 차 도구, 재료 등이 준비되면 차를 우릴 사람, 찻자리를 안내할 사람, 음식을 만들 사람, 꽃을 만들 사람, 행사를 진행할 사람 등 각자의 역할을 분담한다.

8 모든 준비는 다찬회 3일 전에 끝내야 하며 음식물과 꽃 등은 하루 전에 만들기를 마쳐야한다.

나은은 그제야 다찬회가 개인적인 찻자리가 아닌 행사·의례용에 쓰임을 알았다. 큰 문화행사나 국제행사에 우리 차, 우리 음식, 우리 꽃, 우리 옷을 보일 수 있는 한국식 차파티가 바로 다찬회였다. 나은은 다찬회를 주관한 사람에게 질문을 던졌다.

나은   이렇게 준비하는 데 시간이 얼마나 걸렸나요?
주관자   일주일 전부터 재료를 준비하고, 다찬회 3일전부터 밤을 꼬박 새웠습니다. 다식은 견과류부터 준비했는데 마지막 날 떡과 과일을 만들 때까지 쉴 틈이 없었습니다. 준비부터 테이블 세팅까지 시간과 돈이 엄청 들어간 셈이죠.

그날 나은은 한 가지 결심을 했다. 차 공부가 끝나는 날 친구들을 불러 다찬회를 열기로 한 것이다. 하지만 다찬회를 열기 위해서는 공부해야 할 게 너무 많았다. 단순히 마시기 위해 시작한 차가 우리 문화를 결집시킨 문화의 총화라는 걸 알고부터는 차 공부가 결코 쉬운 게 아니라는 걸 깨달았다.

아름답다 그리고 그윽하다 찻자리 '꽃'

다찬회를 구경한 나은은 이번엔 찻자리 꽃전이 펼쳐지는 전각으로 향했다. 찻자리에 꽂는 꽃은 '다화茶花'라 불리고 있었다. 찻상 위에 놓인 다화는 서양의 꽃꽂이와는 다르게 단출해 보였다. 백자 차 도구, 청자 차 도구, 분청 다완 등 차 도구와 찻상의 여백을 살린 다화는 찻자리의 전체적인 구도를 깨뜨리지 않고 있었다.

나은이 꽃을 산 것이라곤 기껏해야 친구 생일에 줄 선물로 화원에서 구매한 게 전부였다. 그래서 꽃꽂이에 대한 지식도 전무했다. 나은이 꽃에 익숙해지기 시작한 건 바로 차를 공부하면서부터였다. 나은이 다니던 차실에는 항상 꽃이 있었고, 나은이 배우던 작은 경상책상에도 항상 꽃이 있었다. 그래서 차는 항상 꽃과 함께 있는 거구나 하는 생각을 했다. 하지만 나은은 일상에서 꽃을 받아들이는 게 너무 어렵다고 생각하고 있었다.

선생님 예부터 우리 차인들은 향 사르기, 차 달이기, 그림걸기, 꽃꽂이 등의 취미를 가졌습니다. 향은 사람의 생각을 그윽하게 하고, 술은 사람의 뜻을 원대하게 하고, 돌은 사람의 뜻을 강하게 하고, 거문고는 사람의 뜻을 적막하게 하고, 차는 사람의 뜻을 시원하게 하고, 꽃은 사람들을 운치 있게 한다고 하지요.

나은 꽃을 통해 찻자리의 분위기를 만들었군요.

선생님 네, 찻자리의 꽃은 두 가지로 분류가 됩니다. 찻상이나 다찬회 테이블에 놓여지는 꽃, 차실과 찻자리의 분위기를 살리려고 장식하는 꽃으로 나뉩니다. 차실이 마련된 실내에서는 계절과 자연을 느끼기 위해 항상 꽃을 준비합니다. 찻자리나 차회에서도 마찬가지입니다. 특별한 일이 없는 한 꽃을 준비하는 것이 기본 예의입니다. 찻자리에서 꽃은 그래서 매우 중요한 겁니다.

나은 선생님, 차를 하는 게 쉽지가 않네요. 그냥 마시면 된다고 생각했는데 갈수록 어려운 것 같아요. 다식이나 한복 다찬회는 이해를 했는데 찻자리 꽃은 아직 이해하기기 힘든데요. 차 강의 중에 따로 찻자리 꽃에 대한 교육이 있는지 알고 싶습니다.

선생님 나은 씨 말대로 차 교육 중에 꽃에 관한 것들도 있습니다. 꽃꽂이를 배우는 것이 하루 이틀 안에 되는 것은 아니고요. 화병 고르기나 꽃 고르기도 공부해야 하고 미학적인 공부도 해야 하고, 많은 시간과 노력

찻자리에 빠짐없이 등장하는 것이 바로 꽃이다. 계절별, 장소별 그리고 시간대별로
각기 다른 형식으로 놓여진 꽃은 찻자리의 또 다른 볼거리 중 하나다.

을 투자해야 하는 분야랍니다. 하지만 차회에서는 그렇게 어려운 꽃꽂이보다는 찻자리에 어울리는 간단한 꽃꽂이를 배우는 일이 필요하죠.

다찬회에서와 마찬가지로 그곳에서는 다화를 알 수 있는 기본적인 강의가 이루어지고 있었다.

❤ 꽃꽂이의 기본

1 꽃가지는 꺾은 즉시 주둥이가 작은 꽃병 속에 꽂고 단단히 막아 공기가 밖으로 새지 않게 하면 며칠 동안 즐길 수가 있다.

2 꽃과 꽃병은 서로 어울려야 한다. 그리고 꽃이 병보다 높아야 한다. 가령 병의 높이가 한 자라면 꽃은 병의 주둥이보다 한 자 서너 치 나와야 하고, 병의 높이가 열일곱 치라면 꽃은 병의 주둥이보다 나오기를 여덟아홉 치가 되면 좋다. 너무 높은 것은 피한다. 반면에 너무 낮은 것은 꽃의 아취를 맛볼 수 없다.

3 작은 병에 꽃을 꽂을 때는 가냘프고 맵시 있게 하는 것이 좋다. 번잡한 것은 좋지 않다. 만약 단 한 가지를 꽂을 때는 모름지기 가지가 두드러지게 예스럽고, 이리저리 굽어 꺾이고, 비스듬히 나부끼는 것을 골라야 한다.

4 두 가지를 꽂고자 할 때는 모름지기 높낮이를 구분해서 합하여 꽂되, 어엿하게 한 가지에서 자연히 생겨난 것처럼 한다. 혹 두 가지라면 피차 자기 쪽을 향해서 떨기가 난 것을 자연생의 모양으로 본뜨고 삼실로 묶어서 꽂는다.

5 병에 꽂힌 꽃은 번잡한 것을 피하지만 꽃이 병보다도 야윈 것은 더욱 피하도록 한다. 모름지기 비스듬히 기운 꽃가지를 꺾어서 작은 꽃의 좌우에 배치하면 조화로운 모양이 된다. 병 속에 꽃 꽂기는 한 가지나 두 가지에 그치는 것이 좋다. 조금이라도 과다하면 곧 번잡하여 싫증이 난다. 하지만 가을꽃은 예외다.

❤ 찻자리 꽃, 다화

❖ 다화를 꽂는 요령
꽃그릇의 크기와 질감에 따라 꽃길이를 정한다. 이때 꽃꽂이 소재 가운데 가지가 있으면 최대한 선을 살리면서 단순하게 표현한다. 꽃의 길이도 동일하게 하지 말고 약간 차이를 두면서 잘라 꽃는다.

❖ 다화에 잘 어울리는 꽃
1 잠깐 피었다 지는 야생화
2 하루살이 꽃
3 꽃송이가 작고 화려하기보다는 소박하고 간결한 꽃
4 산, 강, 들판에 자연스럽게 피어있는 꽃

봄: 유채꽃, 민들레꽃, 매화, 설유화, 냉이꽃, 진달래 등
여름: 수련, 연꽃, 도라지, 패랭이, 콩꽃 등
가을: 용담, 억새, 마타리, 오이풀, 야생국화, 엉컹퀴 등
겨울: 동백, 산당화, 수선화, 머위꽃, 산수여 가는 가지, 버들 등

❖ 다화에 피해야할 꽃
1 가시가 있는 꽃
2 짙은 향이나 색감이 있어 강한 느낌을 주는 꽃
3 꽃송이가 크고 한 줄기에 너무 많은 꽃송이가 붙은 경우

❖ 다화가 놓이는 적절한 자리
1 차를 마시면서 다화의 아름다움을 감상할 수 있는 곳
2 정적이면서 안정된 느낌을 주는 곳

나은은 열심히 강의를 들으며 메모를 했다. 찻자리에 꽃이라……. 찻자리를 하기 위해서는 참 부지런히 공부를 해야겠구나 하는 생각이 절로

들었다.

<u>선생님</u> 나은 씨, 차를 마시고 찻자리의 꽃을 보는 것이 최상의 찻자리라는 말이 있습니다. 그렇다고 너무 어렵게 생각할 건 없고요. 다화는 자연을 옮기는 것이고 자연 그대로를 순간적인 감성으로 표현하는 것이라 생각하면 됩니다.

　　나은에게 월정사에서 열린 대한민국차인대회는 참으로 많은 것을 일깨워줬다. 다식을 직접 만들어보고, 들차회에도 참여해 보고, 다찬회와 꽃꽂이 등 많은 것을 배웠고, 또 다른 무언가를 배워야 한다는 것을 깨달았다.

좋은 보이차 고르는 법

중국을 대표하는 차, 보이차

나은은 아침 일찍 일어나 조간신문을 보고 깜짝 놀랐다. '관세청, 발암물질 함유된 중국 보이차 밀수적발'. 관세청 서울본부세관이 발암물질을 함유한 중국산 보이차를 밀수입해 판매한 혐의로 용의자 A씨를 붙잡아 조사하고 있다고 밝혔다. 세관은 A씨가 판매한 보이차를 중앙 관세분석소에 의뢰해 분석한 결과 농약인 BHC가 검출되었다고 설명했다. 세관관계자는 정상적인 식품검역과 수입통관절차를 거친 보이차는 식품으로서 문제가 없지만 밀수입되는 보이차는 인체에 해로운 농약성분이 검출될 수 있기 때문에 소비자들의 주의가 요구된다고 당부했다.

보이차에 농약이 검출됐다는 소식에 나은은 놀랄 수밖에 없었다. 나은은 차 교실에서 가끔 어떤 학생이 좋은 보이차를 구했다며 선생님께 품평을 요구하는 것을 보곤 했다. 그때마다 선생님은 진짜와 가짜를 구

중국을 대표하는 차 중 하나가 바로 보이차다. 고급에서부터 저급의 보이차가 존재한다. 보이차가 좋은 차임에도 불구하고 다양한 논란을 야기하는 것은 보이차를 만드는 과정에서 안정성의 문제가 있기 때문이다. 그럼에도 불구하고 중국은 중국차를 대표하는 차로 보이차를 홍보하고 있다.

분했다. 그리고 그 학생에게 우리나라에 들어오는 보이차는 검증되지 않은 게 많아 조심해야 한다고 충고했던 것을 떠올렸다. 그런 탓인지 나은의 차 교실에서는 보이차 특강이 열리기도 했다. 특강의 강사는 '보이차를 보급하는 남자' 노명국 선생이었다.

교육생 국내에 들어오는 보이차의 양은 얼마나 될까요?

노명국 선생 식약청을 통해 정식 수입으로 들어오는 양은 대략 100톤 전후로 알려져 있지만 다른 경로로 들어오는 양을 따지면 훨씬 더 많을 것으로 판단됩니다. 운남에서 보이차 무역 중개업을 하고 있는 이들과 종종 만나 많은 얘기를 나누는데 한국 업자들은 비교적 가격이 저렴한 차들을 찾는다는 것입니다. 중국 보이차 시장에서 한국 상인들이 환영받는 것도 중국 내수에서 저급품으로 낙인찍혀 있는 재고물건을 처분할 수 있는 기회가 되기 때문이랍니다. 중국 자체 내수에서 유통이 안 되는 물건은 일반 가격대에 비해 매우 저렴하고 품질이 낮은 것이 대부분입니다. 또한

1,000년 수령을 자랑하는 중국 운남의 고차수나무
중국에는 1,500년이 넘는 고차수들이 있다. 고차수에서 나오는 찻잎은 그 약리적 효능뿐만 아니라 맛에도 뛰어난 품질을 보여준다.

숙병 보이차(위)와 청병 보이차(아래)

큰 차창에서 대량 생산되는 보급품 격인 차들이 주로 한국으로 유입되는 실정입니다. 가격이 낮다는 것은 곧 품질이 떨어지는 저급품이라고 해도 지나치지 않습니다.

교육생 보이차의 등급별 가격대는 어떻게 되나요?

노명국 선생 재배차 한 편당(357g 기준) 저급품이 2~3만 원, 중급품이 5만 원, 상급품이 7~8만 원 정도 된답니다. 야생형 고수차는 400그램 기준으로 중급품인 여름차는 7~8만 원, 첫물차·늦은가을차·동차로 만드는 고급차는 10만 원 정도입니다. 참고로 고수 야생차는 재료값이 비싸기 때문에 숙병을 만들지 않습니다. 전문가들의 견해로는 운남 보이차에서 연간 생산되는 차는 약 3만 톤으로 추정됩니다. 이 가운데 야생형 고수차의 비율은 약 0.6퍼센트로 보고 있습니다.

교육생 그럼 야생형 고수차는 중국에서도 구하기 힘든 차일 텐데요.

노명국 선생 네. 그런 고수차가 국내에서는 넘쳐나고 있는데 말이죠. 여기서 더 나가 보면 국내 유통되는 야생차 고수차라고 해서 판매되고 있습니다. 마케팅의 궁극적인 목표는 이윤 추구이니 저가품의 차를 가지고 고부가 가치를 원하는 건 상인들의 원론적 심리가 아니겠습니까.

교육생 상인들의 저급한 상술로 저질 보이차가 유통된다는 말씀이네요.

노명국 선생 네, 품질이 빼어난 보이차는 음다飮茶 생활과 더불어 시간이 지남에 따라 그 가치도 올라가지만 처음부터 차의 태생이 좋지 않은 것은 그 가치를 기대하지 말아야 합니다. 보이차 중에서도 가장 큰 매력과 가치를 지닌 게 바로 '청병'인데 '월진월향'의 진화와 진기가 그 생명입니다. 국내에서 자연 건창의 '청병 보이 노차'를 만나기란 쉽지 않습니다. 소위 습창차들이 판을 치고 있는 현실 때문입니다.

교육생 청병과 습창차란 어떤 개념이죠?

노명국 선생 좋은 질문입니다. 현재 중국에서는 대체로 당해 연도에 생산된 청병을 습창에 2년, 퇴창 후 건창에서 1년, 총 3년 동안 숙성시킵니다. 숙성과정을 거쳐 생산된 보이차는 건창의 10~14년 지난 느낌을 줄 수 있습니다. 현재 청병 15년 전후의 가격대는 수십만 원을 호가합니다. 이렇게 인위적으로 빨리 진화시킨 차들은 연수를 속이기 쉽고 가격도 높게 받을 수 있는 것이 사실입니다. 즉 청병과 습창은 차의 제조 과정과 기간에 따른 분류이기도 하지요.

교육생 그럼 일반인들이 보이차를 즐길 수 있는 좋은 방법이 없을까요?

노명국 선생 보이차를 즐기는 사람들에겐 시간과 금전적 부담이 크더라도 다양한 차들을 접하고 경험을 쌓는 것이 중요합니다. 하지만 오랜 경험자들이나 전문가를 찾아 조언을 듣는 것이 좋은 차 생활의 지름길입니다. 아니면 시간을 내서 중국차 전문 수업을 듣는 것도 좋은 방법이겠고요. 이렇게 복잡하면서도 다양한 보이차의 세계에서 소비자들은 판단을 현명하게 할 필요가 있습니다.

노명국 선생은 좋은 보이차를 고를 때 욕심을 부리지 말라고 했다. 나은으로선 와인처럼 수백만 원대를 호가하는 보이차를 상상할 수도 없었다. 노명국 선생은 초보자들은 수백만 원대를 호가하는 수십 년 된 청병을 구하느니 영양과 맛이 거의 비슷한 제대로 된 청병 보이차를 구하는게 낫다고 설명했다. 3~5년 된 청병 보이차는 맛과 향 그리고 품질 면에서 좋을 뿐 아니라 가격도 저렴하여 누구나 쉽게 구할 수 있기 때문이다.

즐겁게 먹는 차 요리

찻자리에 어울리는 차 요리

　나은은 토요일이 기다려졌다. 오늘은 나은이 공부하는 차 교실에서 일본 다회와 교류전이 열리는 날이었다. 한 달 전부터 나은의 차 교실에서는 교류전을 위한 다양한 준비가 이어졌다. 나은도 가장 자신 있는 다식을 맡았다. 송화다식을 비롯해 20여 가지 다식을 만드는 데 일주일 이상 걸렸다. 차 교육이 끝나고 다찬회를 준비하려는 나은에게 이번 행사는 다찬회 전체를 경험할 수 있는 매우 좋은 기회였다. 하지만 나은이 지금껏 몰랐던 것들이 준비되고 있었다. 일본 차회에 참가한 차인들을 위한 차 요리 '카이세키[1]'가 준비된다는 것이었다. 그러한 일본 차인들을 위해 나은의 차회에서도 한국차를 이용한 음식들을 보이기로 했다. 차 교실의 선생님들과 사범들을 중심으로 우리 차를 이용한 차 음식이 준비되기 시작했다.

1 카이세키(懷石料理) 일본차와 함께 음미하는 코스요리로 일반적인 코스는 다음과 같다.
1 젠사이: 식사 전에 나오는 약간의 요리
2 스이모노: 본격적인 요리를 맛보기 전에 위를 보호하기 위한 간단한 장국
3 사시미: 생선회
4 야기모노: 구이요리
5 니모노: 찐요리
6 스노모노: 식초로 조미한 요리 / 아에모노: 생선이나 야채, 고기 등 일본된장이나 간장으로 양념한 요리 / 아게모노: 튀김요리
7 고항(밥), 미소시루(일본된장국), 쯔케모노(일본식김치 즉 겉절이)
8 쿠다모노: 과일

우리나라에서도 최근 차 요리에 대한 관심이 높아지고 있다. 음식을 먹기 전에 차를 마시고 그리고 그 찻자리에 맞는 요리를 먹은 후 다시 차를 즐기는 문화가 서서히 보편화되고 있다.

선생님 여러분, 이른바 일본에서 유행하는 차 요리를 알아보겠습니다. 일본에서 차 요리는 다례가 끝난 즉시 나오는 음식을 이야기합니다. 두 가지 국물과 육첩 반상을 중심으로 진행되는데 각종 튀김과 해산물 조림 등 다양한 음식들이 등장합니다. 일본의 그린피아 마키노하라 안에 있는 차 전문 음식점 '마루오바'라는 일본 차 요리의 대표적인 곳으로 꼽힙니다.

나은 그럼 차 요리는 일반 식사와는 다른 것인가요?

선생님 크게 다르지는 않지만, 일본 차 요리를 이른바 '카이세키'라고 부르는데 카이세키는 속을 따뜻하게 해주고 공복을 견디게 해주는 간단한 식사에서 유래한 것입니다.

나은 카이세키…… 어디서 많이 들어본 단어인데요. 무슨 뜻이죠?

선생님 카이세키에는 두 가지 뜻이 있는데요, 하나는 차와 함께 요리를 음미하는 것, 또 다른 하나는 술에 맞는 음식을 음미하는 것입니다. 하지만 지금은 이 두 가지가 크게 구분되지 않고 사용된다고 하네요. 어쨌든 카이세키 요리는 차회를 주관하는 사람이 직접 하곤 합니다. 특히 일본 차회에선 오랜 시간이 흐르면 그 시간 동안 차 요리와 차를 함께 즐깁니다. 이번 교류전을 위해 우리도 여러 가지를 준비해야겠죠?

나은의 차 교실에서는 우리 차 음식을 위한 기획팀을 운영했다. 이른 바 '한국차음식만들기팀'이었다. 나은을 비롯한 차 음식팀은 먼저 메뉴를 짰다. 일본의 카이세키처럼 메뉴를 짠 것이다.

❤ 한국차음식만들기팀 차 음식 메뉴

차즙 ⋯▸ 차죽 ⋯▸ 차 튀김 ⋯▸ 차밥(차나물, 새우찻잎볶음, 차해장국, 찻잎계란전) ⋯▸ 차떡 ⋯▸ 녹차

1 **차즙**: 차즙은 찻잎 어린 것 1되 정도면 5인분으로 충분하다. 찻잎을 깨끗이 씻어 돌 절구통에서 찧어 뭉개면 새파랗고 진한 즙이 나온다. 그것을 모아 5인분의 깨끗한 물로 체를 이용해 짜내면 된다.

2 **차죽**: 차죽은 우리가 흔히 흰죽이라고 부르는 흰 쌀죽에 차가 들어있는 것을 말한다. 쌀죽을 쑤기 시작하면서 차도 동시에 넣어 익기를 기다린다. 죽이 익어 가면 차의 녹색이 흰죽에 젖어져 쌀알들은 한결 조화롭고 백옥같이 아름답게 보이며 구미를 당긴다.

3 **차튀김**: 차의 새싹을 반죽된 밀가루에 섞은 후 기름에 튀겨낸다. 차의 새싹으로 튀김을 만들면 향기와 맛이 매우 좋다.

4 **차밥**: 차밥은 찻잎이나 볶은 차를 끓여낸 물로 지은 밥이다. 차를 끓여 낸 물에 약간 소금을 곁들여 살짝 질게 밥을 짓는다. 여기에 우려낸 찻잎을 얹으면 보기에 매우 좋다. 차밥은 식욕을 돋울 뿐만 아니라 소화가 잘 안 되고 체력이 떨어졌을 때 입맛을 돋우는 효과가 있다.

반찬
- 차나물: 차를 우려 마신 후 차 찌꺼기를 사용해 일반 나물과 똑같이 무친다. 나물을 무칠 때 고명도 골고루 넣으면 좋다.
- 새우찻잎볶음: 새우를 물에 헹군 후 체로 쳐서 물기를 빼고, 찻잎도 물기를 꼭 짠다. 냄비에 식용유를 두르고 새우를 볶다가 그것이 붉은 색으로 변하면 찻잎도 함께 볶는다. 찻잎과 새우가 충분히 볶아지면 간장, 설탕, 물엿, 고추장을 넣고 끓인 시럽을 부어 마치 무치듯이 은근한 불에 조린다. 찻물을 2큰 술 정도 넣으면 타는 것을 방지할 수 있다. 적당히 조린 후 참기름과 통깨를 넣고 뒤적인 다음 꺼낸다.

- 차해장국: 냄비에 생굴과 찬밥을 넣고 참기름을 두른 후 밥이 노릇해질 때까지 볶다가 물을 붓고 씻어둔 콩나물을 넣어 끓인다. 찻잎은 국간장으로 간을 해서 무친다. 쌀이 충분히 퍼졌다 싶으면 무쳐둔 찻잎을 다시 넣고 다시 한 번 끓인다.
- 찻잎계란전: 찻잎을 자잘하게 썰어 소금과 참기름을 넣고 무친다. 고추는 굵게, 당근은 곱게 다진다. 갈아둔 쇠고기는 소금과 후춧간을 해서 볶는다. 넉넉한 그릇에 준비된 재료를 넣고 계란과 밀가루를 넣어 소금으로 간을 해 반죽한 다음, 팬에 기름을 두르고 반죽된 것을 한 수저씩 떠 넣어 지져낸다.

5 **차떡**: 차 시루떡과 차 범벅이 있다. 차 시루떡은 어린찻잎을 잘 씻어 채나물 썰듯이 잘게 썬 다음 떡쌀가루와 버무려 팥고물로 시루에 안쳐 쪄낸다. 차 범벅은 떡쌀가루에 찻잎을 깨끗이 씻은 다음 그것을 떡쌀가루와 고루 버무려 쑥 범벅 하듯이 시루에 넣어 찐다.

나은의 차 교실에서 일본 차인들을 위해 준비한 한국차음식요리코스는 한마디로 '대박'이었다. 일본 차인들은 차회에서 준비한 풍성한 찻자리에 감탄했다. 그중에서도 나은 팀이 준비한 '한국차음식요리코스'는 일본 차인들을 놀라게 했다. 심지어 차 요리를 메모해가는 사람도 있었다. 나은 역시 자신의 팀에서 만든 차 음식 요리를 맛보고 그 맛과 향에 놀랐다. 담백한 감칠맛이 일품이었기 때문이다. 차 교육이 끝나는 날 다찬회를 가지려는 나은의 계획은 무리 없이 진행되어 가고 있었다.

10

홍차와 화차

홍차와 화차의 모든 것

차에 대해 공부한 지도 벌써 1년이 지나고 있었다. 드디어 마지막 수업 시간이 됐다. 1년 동안 나은은 늘 새로운 것을 접했다. 그리고 그 새로운 것이 오랜 우리 차 문화 전통이라는 사실을 알고 놀라기까지 했다. 음식부터 한복 문화까지 우리 차 문화가 실생활에 미치는 영향이 무궁무진하다는 것도 깨달았다.

마지막 수업의 주제는 한국의 대용차 그리고 홍차와 화차였다. 특별한 수업이 될 것이라는 기대에 나은은 다른 날보다 일찍 차 교실에 들어갔다. 그런데 차 교실에선 이미 차 선생님들이 나와 바쁘게 움직이고 있었다. 나은이 처음 보는 아름다운 본차이나 다관들도 잔뜩 나와 있었다. 유리다관들 역시 아름다운 화차를 맞이할 준비를 하고 있었다. 이렇게 홍차와 화차 실습을 위한 여러 가지 세팅이 진행되고 있었다.

티포트의 기본은 보통 400cc의 물을 가둘 수 있는 형태다. 보통 3~4인이 사용할 수 있는 적당한 크기로 가장 많이 쓰인다.

선생님 어, 나은 씨 일찍 왔네요? 우리 좀 도와줄래요? 학생들 오기 전에 준비할 게 너무 많은데 때마침 이렇게 일찍 나왔으니 같이 좀 일합시다.

나은은 속으로 쾌재를 불렀다. 마지막 수업시간에 다른 사람들보다 일찍 온 덕분에 실습 교육을 제대로 받아볼 수 있다고 생각했던 것이다.

선생님 나은 씨, 먼저 홍차 실습을 위한 세팅부터 해야 돼요. 홍차를 우릴 때 필요한 다구들을 티웨어Tea Ware라고 부르는데요, 우선 차를 우려내는 주전자인 티포트Tea Pot 2개를 갖다 주세요. 티포트는 주로 보온성이 뛰어난 자기로 만들어집니다. 17세기 초에는 고가의 은제품들이 많이 쓰였는데 지금은 자기를 많이 쓰고 있죠.

나은 티포트에도 여러 가지 형태가 있나요?

선생님 지금 나은 씨가 가져온 둥근 형태 말고도 저쪽에 전시되어 있는 사각형, 육각형, 동물 모양, 과일 모양이 있습니다. 다양한 건 홍차 도구도 마찬가지인데 찻잔, 스트레이너, 인퓨저, 계량스푼, 티코지, 티매트, 티워머, 티캐디, 케이크스탠드, 티냅킨, 티타월, 티블렌더, 모래시계, 레몬트레이, 슈거볼, 밀크저그, 티백스퀴저, 드롭캐처, 티백레스트 등을 꼽을 수 있겠네요. 이게 다 홍차를 맛있게 우리기 위해 필요한 것들이랍니다.

♥ 홍차 도구

찻잔

티타월

거름망

계량스푼

밀크저그

티백레스트

모래시계

- **찻잔(Tea Cup)** 홍차의 찻잔은 손잡이가 달려있다. 커피용 찻잔보다는 입술 닿는 부분이 얇고, 높이는 낮으며, 윗부분이 약간 벌어져 있다. 찻잔의 용량은 대부분 200ml 내외이며 무게는 가볍다.
- **스트레이너(Strainer)** 우려낸 차를 찻잔에 따를 때 찻잎이 섞여 나오지 않도록 거르는 거름망. 순은, 은도금 스테인리스, 도자기 등 다양한 재질이 사용된다.
- **인퓨저(Infuser)** 티볼Tea Ball이라고도 부르며 티포트와 스트레이너를 사용하지 않고 찻잔에서 직접 차를 우릴 때 이용하는 도구
- **계량스푼(Tea Measure)** 티포트에 넣을 찻잎을 꺼낼 때 쓰는 도구
- **티코지(Tea Cozy)** 솜, 거위털, 양모 등을 활용해 만드는 것으로 차를 우리는 동안 티포트에 씌워 차물의 온도를 일정하게 지켜주는 역할을 한다.
- **티매트(Tea Mat)** 티포트의 온도를 일정하게 유지시키기 위해 그 밑에 까는 깔개
- **티워머(Tea Warmer)** 찻물의 온도를 일정하게 유지시키는 보온도구로 양초나 알코올램프의 열로 티포트를 직접 가열한다.
- **티캐디(Tea Caddy)** 금, 은, 주석, 동, 스테인리스, 나무 등 다양한 재질로 만든 차를 담는 보관함

- **케이크스탠드(Cake Stand)** 홍차와 함께 먹을 수 있는 다식을 올리는 기구로 통상 2~3단으로 제작된다.
- **티냅킨(Tea Napkin)** 홍차를 먹을 때 사용하는 전용냅킨으로 화려한 자수나 레이스로 장식되어 있다.
- **티타월(Tea Towel)** 홍차를 따를 때 티포트 밑으로 흘러내리는 찻물을 닦는데 사용하는 타월
- **티블렌더(Tea Blender)** 홍차는 어떤 차를 어떤 비율로 섞느냐에 따라 그 맛이 좌우된다. 두 가지 이상의 잎차를 블렌딩할 때 사용하는 도구
- **모래시계(Tea Timer)** 차를 우릴 때 시간을 재기 위해 사용하는 도구로 3분을 기준으로 한다.
- **레몬트레이(Lemon Tray)** 홍차에 넣을 레몬을 담아놓는 도구
- **슈거볼(Suger Bowl)** 홍차에 넣을 설탕을 담아놓는 도구
- **밀크저그(Milk Jug)** 홍차에 넣을 우유를 담아놓는 도구
- **티백스퀴저(Tea Bag Squeezer)** 티백홍차를 건져낼 때 사용하는 도구
- **드롭캐처(Drop Catcher)** 차를 따를 때 티포트의 주둥이를 타고 흐르는 찻물을 흡수해주는 도구
- **티백레스트(Tea Bag Rest)** 티백홍차를 우려낸 뒤 내려놓는 도구

나은　선생님, 저는 홍차하면 '애프티눈 디'라는 말부터 생각나는데 그게 왜 그런 건가요?

선생님　홍차의 나라는 영국이죠? 영국 사람들은 오후 네다섯 시, 배가 출출할 무렵에 티타임을 가졌습니다. 그걸 '애프터눈 티타임'이라고 불렀죠. 이때 홍차뿐 아니라 스콘, 케이크 같은 다식도 함께 합니다. 우리나라로 따지면 옛날 사람들이 먹었던 '새참'이라고나 할까요?

　　나은은 선생님이 시킨 대로 찻잔, 스트레이너, 스푼, 시계 등을 교탁 위에 순서대로 늘어놓기 시작했다. 그리고 궁금했던 부분을 이야기했다.

나은　홍차하면 저는 다즐링이 최고라고 알고 있는데, 홍차에도 명차가 많다면서요?

선생님　그럼요, 이른바 세계 3대 홍차로 손꼽히는 것이 바로 다즐링, 우바, 기문인데요, 우선 다즐링 홍차는 히말라야 다즐링 산맥에서 생산되고, 가벼우면서도 깔끔한 맛이 일품이라 홍차 입문자들에게 좋습니다. 그리고 우바홍차는 스리랑카 남부 우바에서 생산되고, 진한 맛과 장미향이 특징입니다. 아마도 나은 씨는 우바홍차를 좋아할 것 같은데요? 맛이 상당히 깊거든요. 그리고 마지막으로 중국 안휘성에서 생산되는 기문홍차는 부드러운 맛, 은은하게 퍼지는 난초향이 일품인데 블렌딩 홍차의 베이스로 통하죠.

나은　홍차에도 스트레이트, 블렌딩 티와 같은 용어가 있던데…….

선생님　홍차는 스트레이트 티, 블렌디드 티, 플레이버리 티로 나뉩니다. 스트레이트 티는 말 그대로 찻잎 외에 아무것도 넣지 않은 차를 뜻합니다. 제가 방금 말한 다즐링, 우바, 기문, 실론, 아삼 등이 여기에 속합니다. 그에 반해 블렌디드 티는 여러 가지 찻잎을 섞어 만든 차죠. 잉글리시 블랙퍼스트, 오렌지 페코, 러시안 캐러반, 로열브랜드, 애프터눈 티 등이 있습니다. 플레이버리 티의 경우는 여러 가지 천연향을 입히거나 말

영국에서 생산되는 홍차

중국에서 생산되는 명차인 기문홍차

린 복숭아, 딸기, 망고와 같은 과일을 첨가한 차인데요, 여기엔 나은 씨가
잘 알고 있는 얼그레이가 대표적입니다.

<u>나은</u>　선생님, 홍차도 녹차처럼 좋은 홍차를 고르는 법이 따로 있나요?
있다면 홍차 역시 맛있게 우려먹는 법도 있을 것 같은데요.

<u>선생님</u>　아주 좋은 질문입니다. 홍차도 녹차처럼 손으로 만든 전통제다방
식으로 만든 차가 있고, 신선한 홍차를 고르는 법도 있습니다. 홍차의 품
질을 파악할 때 가장 중점을 둬야 할 것이 바로 신선도입니다. 홍차의 경
우는 세월이 흐르면 품질에 변화가 생깁니다. 품질에 변화가 생겼다는
것은 풍미가 저하되었다는 뜻이고 품질이 떨어졌다는 것입니다. 그래서
홍차를 선택할 때는 생산한 지 오래 되지 않은 제품을 선택해야 합니다.
그리고 홍차제품에 표기된 품질유지기한 내에 소비해야만 좋은 품질의
홍차를 마실 수가 있습니다. 다음은 고급제품인 루스티(Loose Tea)에 대
해 알아볼까요? 여러분은 잘 모르시겠지만 전통제다방식인 'Othodox[1]'
방식으로 만든 홍차를 루스티라고 합니다. 루스티는 전통적인 제다방식
으로 차를 만든 다음에 기계를 사용하는 2차 가공을 거치지 않은 잎차를

1 전통적인 홍차 제다 방법 'Otho-
dox' 차를 제다하는 과정에서 살
청을 하지 않는 방식으로 만들어
진 것을 'Othodox'라고 한다. 살
청 과정을 생략한 후 위조나 유념
의 과정을 통해 찻잎의 발효(산화)
를 촉진시켜 홍색의 탕색이 우러
져 나오게 한다. 우리가 흔히 알
고 있는 홍차인 기문, 정산소종,
금준미, 일월담 같은 홍차가 이에
해당된다.

말합니다. 이런 종류의 루스티홍차는 섬세한 맛을 구현하기 때문에 애호가들 사이에 선호도가 매우 높습니다. 그렇다면 홍차를 맛있게 우려내는 '골든룰'을 한번 알아볼까요? 오늘 소개하는 홍차 우리는 법은 우리나라 홍차마스터인 박정동 선생이 개발한 '2-4-3법칙'에 따른 것입니다. 2-4-3법칙이란 2그램의 홍차를 400cc 물에 3분간 우린다는 뜻입니다. 2-4-3법칙을 사용하면 홍차의 기본적인 맛을 볼 수 있는 능력이 길러집니다. 많은 홍차 전문가들은 홍차를 즐기는 사람들에게 이렇게 권합니다.

1 품질 좋은 홍차를 선택하라.

2 신선한 물을 사용하라.

3 티포트와 컵을 예열하라.

4 홍차의 양을 정확히 측정하라.

5 우리는 시간을 정확히 지켜라.

대부분의 홍차 전문가들은 이 같은 규칙을 지키면 어떤 홍차를 우려내든 90점 이상의 점수를 받을 수 있을 것이라고 말합니다. 홍차는 규칙과 계량을 통해 맛있게 마실 수가 있는 것이지요.

나은 선생님, 홍차에는 꼭 스콘 같은 다식이 필요한가요?

선생님 꼭 그럴 필요는 없지만 대부분 홍차에는 홍차에 곁들여 먹을 수 있는 티푸드를 함께 하는 것이 일반적이라는 점에서 필요하다고 봅니다. 홍차와 곁들이는 가장 대표적인 티푸드가 바로 스콘이지요. 스콘은 스코틀랜드 전통과자로 건포도스콘, 사과스콘 등 그 종류가 다양하고 가장 일반적으로 쓰입니다. 또 다른 티푸드로는 케익, 샌드위치, 치즈, 쿠키, 초콜릿 등 찻자리 참석자의 수준이나 찻자리 개최시간에 따라 다양한 티

푸드가 필요합니다. 최근 들어서는 우리 입
맛에 맞는 티푸드를 직접 개발해 즐기는 사
람들도 있습니다. 티푸드는 홍차를 즐기는
또 다른 매력이기도 합니다.

　　홍차와 화차의 세팅이 끝나자 교실은 마
치 연말 파티를 하는 분위기가 흘렀다. 담백
하고 간결한 녹차나 말차의 분위기와 다른
느낌이었다. 화려하면서도 가볍고, 쉽게 즐
길 수 있는 차가 홍차와 화차라는 것을 쉽게
알 수 있었다.

홍차를 마실 때 먹는 티 푸드

선생님 　요즘 백화점에 가면 예쁘게 포장된 꽃
차들을 흔히 볼 수 있죠? 지금 여러분이 보
고 있는 것이 바로 꽃차 중 하나인 국화차입
니다. 꽃차는 계절의 향취를 사시사철 느낄
수 있다는 점에서 또 다른 매력이 있습니다.
가벼운 자리에서 향과 맛을 느낄 수 있는 것이 바로 꽃차지요.

나은 　꽃차는 요즘에 유행하는 차인가요, 아니면 역사가 있는 차인가요?

선생님 　우리나라는 꽃차의 재료를 무궁무진하게 구할 수 있는 천혜의 보
고여서 예부터 사람들이 꽃차를 즐겨 먹었다는 기록이 있습니다. 조선
순종 때 빙허각 이씨가 지은 여성생활백과 《규합총서》를 보면 매화차,
포도차, 매실차, 국화차 등 다양한 차 종류가 나오는데, 이걸 보면 우리
조상들도 꽃차를 즐겨 먹었다는 걸 알 수 있습니다.

나은 　선생님, 세상에 수많은 꽃이 있는데요, 그러면 모든 종류의 꽃을
다 차로 만들 수 있나요?

여러 가지 꽃을 따서 제다를
한 후 잘 말려진 모습
우리나라에서는 옛날부터 화차
를 제다해 마신 기록이 보인다.
고려시대와 조선시대의 기록을
보면 우리가 현재 맛보고 있는
매화차, 국화차 등을 마셨다는
기록이 있다.

선생님 그건 아니에요. 먼저 구분을 해야 할 것 같은데요, 제가 말씀드렸
던 것처럼 화차, 즉 꽃차는 대용차의 범주에 속합니다. 차라고 하는 건,
차나무의 잎으로 만든 것입니다. 그 외의 것들은 모두 대용차라고 불러
야 하고요. 독성이 있는 꽃이 있기 때문에 모든 꽃을 꽃차로 즐길 수는
없습니다.

나은 꽃차의 대표적인 것들은 어떤 것들이 있나요?

선생님 현재 우리나라에서 즐겨먹는 대표적인 화차는 국화차, 연꽃차, 매
화차, 난꽃차, 감꽃차, 원추리꽃차, 구절초차, 칡꽃차 등 40여 가지 정도
가 됩니다. 화차는 그 맛과 향뿐 아니라 시각적으로도 즐거움을 느낄 수
있다는 점에서 여러모로 좋습니다. 지금 차 교실을 꾸며놓은 다양한 티
테이블만 봐도 알 수 있겠죠?

나은 선생님, 그러면 꽃차는 단순히 맛과 향을 즐기면 되는 건가요? 중

국집에 가면 늘 재스민차를 내주던데…….

선생님 중국의 재스민은 대표적인 화차로 잘 알려져 있습니다. 화차의 역사는 꽤 오래 되었지요. 화차 역시 인류가 즐겨 마시던 차로 검증받은 것으로 보여집니다. 화차는 다양한 약리성이 있습니다. 꽃가루와 꽃잎에는 사람에게 이로운 비타민 단백질 아미노산 미네랄 칼륨 카로틴 식물성 섬유질이 다양하게 분포되어 있어 옛날부터 동서양을 막론하고 식용과 약용으로 사용되어 왔습니다.

나은 우리나라 화차의 경우는 어떤가요?

선생님 우리나라에는 야생꽃차로 활용할 다양한 자원이 무궁무진하게 널려 있습니다. 우리가 흔히 볼 수 있는 토끼풀을 비롯해 모든 것들이 야생꽃차로 음용될 조건을 갖추고 있습니다. 우리나라에서도 최근 들어 화차에 대한 관심이 늘어나면서 다양한 제품들이 시장에 나오고 있습니다.

나은 그럼 꽃차를 제대로 우리기 위해서는 어떻게 해야 하나요?

화차는 꽃의 색깔, 향 그리고 맛을 즐길 수 있는 것이 특징이다. 화차는 한 가지 차만을 마시는 것이 아니라
기호와 체질을 고려해 3~4가지, 12가지, 20가지, 50가지, 100가지를 섞어 음용하면 최고의 명약이 된다.

선생님 먼저 첫탕으로 차의 풍미를 감상하여 마신 후, 재탕, 3탕하는데 꽃차는 꽃의 색깔이 하얗게 될 때까지 우려도 맛과 향을 느낄 수 있는 것이 특징입니다. 기호와 체질에 따라 꽃의 색깔과 모양, 성분을 고려해 3~4가지, 12가지, 20가지, 50가지, 100가지를 섞어 음용하면 매우 좋습니다. 꽃차는 차를 먼저 넣고 물을 붓는 것이 좋습니다.

❤ 홍차를 맛있게 즐기는 방법

1 물 끓이기: 법랑이나 구리 재질로 된 주전자에 물을 담아 강한 불에 데운다. 이때 올라오는 거품의 크기가 동전만큼 커지면 10초 후에 불을 끄고 안에 담긴 물을 바로 티포트에 따른다. 뜨거운 물을 티웨어에 부어 데운다.

2 찻잎 넣기: 충분하게 데운 티포트 안에 1인당 3g 정도의 찻잎을 넣는다.

3 차 우리기: 찻잎을 넣은 티포트에 끓인 물을 붓고 티코지로 티포트를 덮어 차가 식지 않도록 한다.

4 찻잔에 따르기: 작은 잎 홍차는 3분, 큰 잎 홍차는 4~5분, 밀크티로 마실 때는 5분 정도 우린다. 차를 따를 때는 찻잔에 스트레이너를 걸어두고 부어 찌꺼기를 모두 걸러낸다.

5 넣을 수 있는 첨가물: 홍차는 녹차와 달리 여러 가지 첨가물을 넣어 다양한 방법으로 즐길 수 있다. 설탕, 시럽, 레몬, 우유, 위스키, 와인 등이 있다.

맛있는 차를 만드는 법

차 2g
400cc 물
3분간 우리세요~

2와 4와 3

친구들과의 즐거운 다찬회

드디어 나은의 차 공부가 끝났다. 나은은 1년 동안 정말 많은 것을 배웠다. 그중에서 가장 중요한 부분은 우리 전통문화의 우수성에 대한 확신이 생겼다는 것이다. 오기로 시작한 차 공부는 나은의 삶을 바꾸어놓았다. 주당이었던 자신이 차실을 꾸미고, 사람들에게 직접 차를 내주는 들차회도 가져보고……, 나은에게 차는 새로운 취미 생활로 완벽했다.

드디어 역사적인 '다찬회' 준비를 시작했다. 먼저 친구들에게 날짜를 통보했다. 물론 영숙에게도 연락을 했다. 그리고 친구들에게 내줄 차의 종류를 선택했다. 집을 청소한 뒤 일주일 전부터 다식을 혼자 준비했다. 다식은 생각보다 시간이 많이 걸렸다.

토요일이 되자 나은은 아침부터 서둘렀다. 그날 저녁 다찬회가 있었기 때문이다. 차를 마시기 전에 먹을 가벼운 차 요리로 차밥과 새우튀김을 준비했다. 그리고 송화다식과 깨강정을 곁들여 말차와 녹차를 내놓았다. 다찬회가 시작되자 나은의 친구들은 감탄을 금치 못했다. 그러던 와중에 영숙이 입을 열었다.

영숙   나은아, 나 깜짝 놀랐어. 술만 좋아하던 네가 일본에 갔다 와서는 일본 말차가 최고라고 하기에 기분이 정말 안 좋았거든. 그땐 나도 차 교실에 다니고 있던 터라 너에게 핀잔을 좀 줬지. 그런데 그 어려운 과정을 다 마치고 이렇게 훌륭한 다찬회까지 직접 마련한 걸 보니 정말 대단하다. 진짜 자랑스러운 거 있지!

여기에 나은도 기분 좋게 응했다.

나은   나도 이번에 차 공부를 하면서 정말 많은 것을 느꼈어. 차가 단순히 음료가 아닌 생활문화라는 걸 알고는 많은 생각이 들더라. 시간이 된다면 너희랑 우리나라 차 여행도 해보고 싶어. 어때? 같이 동참할 거지?

차는 나에게 'Fun'이요 'Happy'다

차는 'Fun'하고 'Happy'한 것이다. 차는 'Beautiful'한 것이다. 차는 또 즐거운 'Play'다.

품위 있어 보이고 고상해 보이는 차가 왜 'Fun'하고 'Happy'한가. 그 답은 매우 단순하다. 먼저 차를 골라 먹는 재미다. 우리 녹차를 마실까, 중국차를 마실까, 아니면 일본 말차를 마실까. 사람에 따라 분위기에 따라, 날씨에 따라 계절에 따라, 차를 골라 먹는 재미는 그 맛을 알아갈수록 더해진다. 친한 친구나 좋은 사람이 오면 그 재미가 확연히 드러난다. 우선 가장 애장하며 혼자 홀짝 홀짝 마셨던 차를 내놓는다. 그리고 한 순배가 돌아가면 다구를 바꾸고 다음으로 좋아하는 차를 낸다. 차를 차례로 골라 먹으며 품평하는 재미는 이른바 세상에서 가장 재미있는 놀이 중 하나다. 두 번째, 자신이 소장하고 있는 다구를 디펑하고 보관하는 재미다. 순백자다관, 흑유다완, 자사호 등의 다관뿐만 아니라 차시, 다건, 찻잔 등 차 관련 도구들을 '닦고 치우는' 재미는 스스로를 풍족하게 하고 우쭐하게 만든다.

차는 'Beautiful'하다. 차는 오감을 다 만족시킬 수 있는 문화적 장치를 다 가지고 있다. 한 잔의 차를 마시기 위해서는 우선 청결해야 하고, 편하고 재미있게 차를 마실 수 있는 안정적인 공간연출이 뒷받침되어야 한다. 단 두 사람만 앉아서 먹는 작은 찻자리라도 최소한의 공간연출은 차를 마시는 사람의 기본이기 때문이다.

차는 즐거운 'Play'다. 취재 중에 만난 내가 아는 어떤 분의 이야기를 하나 해볼까 한다. 그분은 40년 넘게 차를 즐기는 분이다. 그분의 '연세'는 60대 중반이다. 그러나 그분은 늘 '37살'이라고 한다. 사실 외모를 보면 40대 초반의 건강한 청년처럼 보인다. 그분의 지론은 '차를 즐기면서 재밌게 살아서 젊다'고 한다. 서울 한복판에 사는 그분의 작은 집은 전체가 차실이다. 두 평 남짓한 공터에는 소나무, 매화나무 등 몇 그루의 나무가 있고 그 아래에는 아름다운 들꽃들이 있다. 이른바 차를 위한 '에코정원'을 만들었다. 그리고 그분의 집 안에는 죄다 찻잔, 차 도구, 차뿐이다. 24시간 개방되어 있는 그분의 집에 손님이 오면 차를 마실 수 있다.

한 사람이 앉아 차를 마시다 다른 손님이 오면 자리를 약간 이동해서 차를 마시고 인사를 하고 또 다른 사람이 오면 자리를 약간 이동해 차를 마시고 인사를 하고 이야기를 한다. 그분의 집에서 친구가 되고 이웃이 되는 시간은 불과 3분이다. 어릴 적 소꿉놀이를 하며 모두가 친한 친구가 되는 이치와 같다. 그분은 또 비행기 안에서도 노래방, 야유회를 가서도 차를 즐긴다. 배낭에 휴대용 차 도구를 지니고 다니면서 비행기 옆자리 좌석에 앉은 낯선 사람에게도, 승무원에게도 차를 권한다. 그분은 '세상에서 차처럼 재미나고 즐거운 것은 없다'고 말한다.

젊어지려는 사람, 즐겁게 살려는 사람, 아름답게 살려고 하는 사람에게 권하고 싶은 것이 바로 차다. 지금 내 인생의 가장 즐거운 취미로 차를 선택한다면 그 누구도 후회가 없을 것이다.

차문화산방에서 이상균

차를 권하다

초판 1쇄 인쇄 2012년 1월 4일
초판 1쇄 발행 2012년 1월 11일

지은이 | 이상균
발행인 | 정상우
주간 | 김영훈
기획편집 | 이민정
마케팅·관리 | 현석호, 김정숙

발행처 | 오픈하우스 @openhousebooks
출판등록 | 2007년 11월 29일(제13-237호)
주소 | 서울시 마포구 서교동 465-18(121-841)
전화 | 02-333-3705   팩스 | 02-333-3745
홈페이지 | www.openhousebooks.com

ISBN 978-89-93824-65-0 (03690)